● 牛津通识　○ 传记

A Very Short Introduction

托尔斯泰

Leo Tolstoy

[美] 莉莎·克纳普
(Liza Knapp) / 著

张文明 / 译

中信出版集团 | 北京

图书在版编目（CIP）数据

托尔斯泰 /（美）莉莎·克纳普著；张文明译 . -- 北京：中信出版社，2024.4

（牛津通识 . 传记）

书名原文：Leo Tolstoy: A Very Short Introduction

ISBN 978-7-5217-6311-9

Ⅰ . ①托… Ⅱ . ①莉… ②张… Ⅲ . ①托尔斯泰（Tolstoy, Leo Nikolayevich 1828-1910）－传记 Ⅳ . ① K835.125.6

中国国家版本馆 CIP 数据核字（2024）第 008317 号

Copyright © Liza Knapp 2019
Leo Tolstoy: A Very Short Introduction was originally published in English in 2019.
This translation is published by arrangement with Oxford University Press.
CITIC Press Corporation is solely responsible for this translation from the original work and Oxford University Press shall have no liability for any errors, omissions or inaccuracies or ambiguities in such translation or for any losses caused by reliance thereon.
Simplified Chinese translation copyright © 2024 by CITIC Press Corporation
ALL RIGHTS RESERVED
本书仅限中国大陆地区发行销售

托尔斯泰

著者：　　[美]莉莎·克纳普
译者：　　张文明
出版发行：中信出版集团股份有限公司
（北京市朝阳区东三环北路 27 号嘉铭中心　邮编　100020）
承印者：　河北鹏润印刷有限公司

开本：787mm×1092mm 1/32　　印张：6.5　　字数：105 千字
版次：2024 年 4 月第 1 版　　　　印次：2024 年 4 月第 1 次印刷
京权图字：01-2024-0567　　　　　书号：ISBN 978-7-5217-6311-9

定价：45.00 元

版权所有·侵权必究
如有印刷、装订问题，本公司负责调换。
服务热线：400-600-8099
投稿邮箱：author@citicpub.com

目 录

001　第一章
从蚂蚁兄弟到普爱世人

017　第二章
托尔斯泰的战争与和平观

043　第三章
爱

071　第四章
死亡

093　第五章
托尔斯泰的信仰

119　第六章
我们该如何做？

141　第七章
托尔斯泰的艺术和手法

165　第八章
托尔斯泰不能沉默

173 致　谢

175 年　表

179 托尔斯泰作品的相关参考资料

183 参考资料

197 插图来源

199 延伸阅读

第一章

从蚂蚁兄弟到普爱世人

作家、思想家、圣人

如今,列夫·托尔斯泰已举世闻名。他写下了《战争与和平》《安娜·卡列尼娜》这两部不朽的经典。他是"现代战争小说之父";是心理散文的创新者,意识流的先驱;是一代文宗,善于呈现孩子们的想法。他睿智超群,善于揭露人性,善用小说揭露爱情与死亡的奥秘。同时,他更是一位不知疲倦地发问"我们为何活着?"的作家。

1910年,托尔斯泰逝世。作为世界公认的伟大作家,他的不平之鸣响彻人间。作为无情的批判家,他谴责了那些实施、滋生或容忍任何形式的不公、仇恨和暴力的组织。托尔斯泰穷其后半生，更加尖锐地发出了其早期作品中的灵魂之问，并尝试予以解答。为此，他的作品标题直截了当：《我的信仰》《福音书摘要》《我们该如何做？》《一个人需要多少土地》《天国在你心中》《什么是艺术？》《反思你自己》《我不能沉默》。他后期的作品更充分地阐述并深化了他在早期小说中的洞见。

文学评论家与竞争对手们一边赞美托尔斯泰的"艺术"，一边贬低他的"思想"，这已然是老生常谈。最早抨击托尔斯泰思想的是法国小说家居斯塔夫·福楼拜。在读完《战争与和平》后，福楼拜给他的朋友、同为小说家的伊凡·屠格涅夫写信抱怨道，托尔斯泰是一位伟大的心理学家和艺术家，却是一位不合格的哲学家。在美国作家中，欧内斯特·海明威称赞托尔斯泰比任何人都善于捕捉战争的本质，但也称《战争与和平》如果出自屠格涅夫之手会出色得多（篇幅也会少得多）。海明威还抨击了托尔斯泰沉闷的救世主式的思想。马克·吐温在自己的笔记中有句短评，称自己要"打倒托尔斯泰"，这句短评可被视为对威廉·迪安·豪威尔斯的附和，后者称，"一个平庸的美国幽默作家都可以在一篇半专栏的幽默文章中驳倒托尔斯泰的观点"。（马克·吐温对此跃跃欲试。）但有一点很重要，豪威尔斯不遗余力地在美国推广托尔斯泰，尽管他调侃说驳倒托尔斯泰的观点易如反掌且趣味十足，但对托尔斯泰"绝不敷衍推脱，而是即刻依循基督教徒的生活方式"，表达了自己由衷的敬畏。豪威尔斯认为，正是托尔斯泰的"良知"使他的小说变得伟大，哪怕"托尔斯泰的文字张力不再，只是一些劝勉之词"，"文字之下，依然是一颗善良的心，一种正确的思想"。

寥寥数言，希望读者明白，托尔斯泰的艺术和思想密不可分，多多了解他的思想，能使我们更好地理解他的小说。

蚂蚁兄弟与绿棒

托尔斯泰生于图拉省一个叫"亚斯纳亚·波利亚纳"的庄园，它位于莫斯科以南约 125 英里[①]，他在那里度过了大半生（见图 1）。据他晚年回忆，他和兄弟姐妹童年时便失去了母亲，父亲随后也去世了。大哥尼古拉想出了

---

① 1 英里约为 1.6 千米。——编者注

图 1　妻子索菲亚拍摄的列夫·托尔斯泰在亚斯纳亚·波利亚纳庄园

一个游戏，托尔斯泰和兄弟姐妹都乐此不疲，这个游戏叫"蚂蚁兄弟"。那该怎么玩儿呢？他们在椅子之间盖上披巾，用枕头和盒子搭建一个庇护所，孩子们依偎在里面，成为蚂蚁兄弟，体验"一种特殊的爱和温暖的感觉"。尼古拉还告诉他们，在庄园的某个地方埋着一根绿棒，其上刻着秘密，告诉人们"怎样做"才可以让"所有人快乐，没有疾病，没有麻烦，没有困难，不会对他人发怒，人人彼此关爱——所有人都将成为蚂蚁兄弟"。

　　回想起这些事时，托尔斯泰说，他的大哥一定听说过一个反主流文化的新教徒团体莫拉维亚弟兄会,他们实践并传播耶稣关于爱的教义。莫拉维亚弟兄会在各地建立了传教点。由于"蚂蚁"和"莫拉维亚"这两个词在俄语里读音相近,托尔斯泰的哥哥不知怎的就弄混淆了。托尔斯泰进而推测,哥哥曾听父亲和他人谈论共济会,会员们努力"让人类幸福",以及他们有"神秘的入会仪式"。蚂蚁兄弟游戏的灵感来自现实生活中传播兄弟情谊的努力。

托尔斯泰终其一生都珍视他儿时的梦想,"蚂蚁兄弟相亲相爱,不仅仅在两把椅子之间、披巾之下,更是在广阔的天空之下、世人之间"。蚂蚁兄弟的游戏经历算是他首次与宗教结缘,他因此对爱有了更深的理解:爱"不是对某个人的爱,而是对爱本身的爱,对上帝的爱"。尽管他和兄弟姐妹将蚂蚁兄弟称为"游戏",但事实上,他曾说,世上万般皆可游戏,唯独这个不可。

托尔斯泰坚守他的信仰:"儿时,我相信有这样一根绿棒,上面写有指引世人涤荡万恶、得享极乐的秘密;现在,我同样坚信上面书写的即是真理,总有一天,它必会昭告天下,世人皆得赐福。"蚂蚁兄弟游戏和绿棒集中体现了托尔斯泰的思想和艺术:向往博爱,厌恶暴力和战争,通过想象构建一个不同的世界,在死亡的阴影下找寻慰藉世人的良方。托尔斯泰后来的人生信条源自童年时期的游戏，这一点也佐证了其作品的连续性和统一性。无论是《童年》《少年》《青年》和早期战争题材小说，还是几部不朽经典，抑或是晚年著作，他的所有作品都彰显了他对童年时期蚂蚁兄弟游戏和绿棒的坚定信仰。所以，托尔斯泰的艺术与这个游戏中所包含的价值观是密不可分的。

《童年》中的蚂蚁兄弟

失去母亲的托尔斯泰与兄弟姐妹在披巾的庇护下成为蚂蚁兄弟，而在托尔斯泰所著小说的关键情节中，他也赋予了笔下主人公相似的经历。在逃离纷扰喧嚣的世界时，这些人物感受到了爱与温暖，同时希望世上其他人也能被温柔以待。

在托尔斯泰自传体三部曲《童年》《少年》《青年》的第一部中，有一章的标题为"童年"，该章写的是10岁的尼古拉·伊尔特涅夫回想起他小时候的场景。记忆中，小尼古拉在上床睡觉之前都要先向妈妈表达爱意，再向上帝做祷告，然后发现，他对妈妈的爱和对上帝的爱"不知怎的就合二为一了"。在即将入睡之时，他想到了他的老师，那个"他所知道的唯一苦命的人",于是向上帝祈祷,希望上帝能够让老师幸福,并且想知道自己可以为他做些什么。接着,他向上帝祈祷"人人幸福,个个如意,还有明儿有好天气",直至声音渐微,坠入梦乡。

这段"幸福的"童年回忆有太多蚂蚁兄弟游戏的影子:蜷卧在床上的小主人公感受到的爱和信仰,与托尔斯泰和兄弟姐妹挤在一起玩蚂蚁兄弟游戏时感受到的爱别无二致。但是小尼古拉和托尔斯泰一样,还能想起世间疾苦,想让别人也能得到幸福——他想得到那根绿棒。

塞瓦斯托波尔战役中的蚂蚁兄弟

克里米亚战争期间,托尔斯泰所著《塞瓦斯托波尔故事集》在文学界引起轩然大波,久久不能平息。不难看出,托尔斯泰的战争故事中也有当年蚂蚁兄弟游戏的影子(当然还有那根尚未寻到的绿棒),或者说,后者启发了前者的创作。《八月的塞瓦斯托波尔》以弗拉基米尔·科泽尔佐夫的经历为线索展开,这位年轻的少尉刚从彼得堡的军事院校毕业,便赶往这座围困之城报到。他受命统领一支队伍,满脑子都是对未来率众杀敌、一战成名的憧憬。他们在防御工事临时挖出的防空洞里待了一夜，期待着第二天的战事，浑然不知第二天便是塞瓦斯托波尔沦陷、科泽尔佐夫丧命之日。

与战友们一起待在防空洞的科泽尔佐夫体会到"一种温馨感，好像他在儿时捉迷藏，躲进柜子里或者母亲的裙子下面"。托尔斯泰和兄弟姐妹玩蚂蚁兄弟游戏时已经没有了母亲，而年轻的科泽尔佐夫也永远地离开了母亲温暖的怀抱。（他离家那天，母亲哭着对圣像祈祷的情形仍历历在目。）但是，身处黑漆漆的防空洞，与一群刚结识的战友在一起，让他感受到一种"不可思议"的温暖和兴奋。这种感觉取代了更为人所熟知的亲情、爱情与宗教信仰带给人的感受。

这种感觉油然而生于战时的防御工事，在科泽尔佐夫死去的前夜，实乃托尔斯泰一记讽刺的手笔，他借此发出痛苦的哀号：今晚，这里是一群亲如手足的战友，而明日破晓之时，在塞瓦斯托波尔，这群人将要夺去另一群人的生命，或者被另一群人夺去生命。这合理吗？那根绿棒——刻着"能让普天下的人都聚于爱的庇护之下，让敌意消失殆尽"的绿棒——此刻又在哪里呢？在这里及小说的其他场景中，托尔斯泰多次影射了绿棒，以告世人生命不息。晚年的托尔斯泰将以更直截了当的方式，劝诫人们铸剑为犁。

《战争与和平》中的战俘与蚂蚁兄弟

托尔斯泰的史诗巨作《战争与和平》（1869）的情节设定在拿破仑战争（1803—1815）期间。当时，法军将熊熊大火中的莫斯科团团包围，皮埃尔·别祖霍夫也不幸被俘，于是不得不接受审判。目睹俘虏接二连三地被处决，皮埃尔认为他也时日无多了。不过，在最后一刻，他被赦免了，但即便如此，处决俘虏的场景让他丧失了对秩序、人性、灵魂和上帝的信心。自此，皮埃尔大彻大悟，回归本心，开始追求蚂蚁兄弟式的普世之爱。在小说的开头，皮埃尔就显露了他对一个没有战争的世界的渴望，也正是对博爱的追求让他加入了共济会。

接下来的一个月里，皮埃尔与其他20个战俘被关在一间棚屋里，其中一个战俘叫普拉东·卡拉塔耶夫，是俄军的一个农奴义务兵。普拉东"爱他的狗，爱同伴，爱法国人，爱他身旁的皮埃尔"——皮埃尔从未见过这般的爱。但这种爱正是托尔斯泰和兄弟姐妹依偎在一起玩蚂蚁兄弟游戏时所感受到的爱:"不是对某个人的爱,而是对爱本身的爱,对上帝的爱。"普拉东爱的对象包括他们的敌人法国人,这暗示了那根绿棒上的秘诀:普爱众生。在《福音书摘要》及后期的宗教作品中,托尔斯泰多次提到"邻居"并非仅仅指自己的"同胞"——爱你的邻居,意思是爱每一个人。

作为战俘,皮埃尔在与普拉东朝夕相处的30个日夜里,渐渐感受到一种新奇且未知的喜悦、平静、爱与力量。但是后来,法军撤离莫斯科,这群俄军战俘被迫步行跟随。这时,战俘之间,以及战俘与法国人之间原本友好的关系开始变得敌对,因为法国人会处决所有无法行军的战俘。当不幸患病的普拉东向皮埃尔挥手做无声的道别时,皮埃尔装作没看见,径直走开了。不一会儿,皮埃尔听见一声枪响,而后看见法国士兵匆匆离开。托尔斯泰解释道,皮埃尔对普拉东的漠视应该是保全自己的必要举动:皮埃尔当时也自身难保。自那天起,普拉东的形象就一直在皮埃尔的脑海里,鼓舞着他。不过,对许多读者而言,皮埃尔拒绝靠近普拉东的那一幕,是托尔斯泰作品中最残忍的场景之一。

《安娜·卡列尼娜》中的避难所——列文的庄园

在《安娜·卡列尼娜》一书的结尾,安娜死后,托尔斯泰又写了类似尾声的第八部分,讲述小说的另一条主线——列文和吉娣的故事。列文一直遭受精神危机,它让这个"幸福的顾家男人"、忠诚的丈夫、善良的地主差点儿自杀。然而,在小说的结尾,列文重拾对上帝的信仰,重燃对生活的信心。他认为,长期以来他"生活富足,但思想贫瘠"。他曾试图在他的庄园创建一个安全的充满爱的地方,这在某种程度上让我们想起托尔斯泰和兄弟姐妹玩蚂蚁兄弟游戏时所搭建的那个小窝。巧合的是,这个庄园叫作波克罗夫斯克(Pokrovskoe),在俄语中,这个词的词根(pokrov)意为"庇护所",所以这个名字会让人想起圣母那拥有庇佑力的面纱(俄国正教会信奉圣母马利亚)。正如托尔斯泰所言:要想成为蚂蚁兄弟,只需将我们保护起来,与这世界隔开,然后彼此相爱。这正是《安娜·卡列尼娜》中列文所做的事。在波克罗夫斯克,列文与家人们一起生活,彼此相爱,不通外界。

但是,正如《安娜·卡列尼娜》一书的结尾,列文一家是幸福了,可世上还有别的人在受苦受难,他能置之不理吗？对邻居的爱的边界在哪里？列文和家人们聚在他培育的蜂箱旁，吃着黄瓜，喝着蜂蜜，谈起了巴尔干半岛人道主义军事干预的利弊：看到斯拉夫兄弟在奥斯曼帝国统治下受苦，俄国是否应该出手相助？此前，有人看到渥伦斯基启程加入志愿军。列文则认为应该待在家里，原因是他没有感受到和斯拉夫人有什么特别的兄弟之情——战争是残酷的，难道借保护之名行杀戮之事，就合当了吗？

不难发现，但凡关乎暴力，无论在什么环境下，列文都是全然反对的。就算是为了保护受害者也不行，这点是后来托尔斯泰非暴力主义思想中最具争议的一点（详见本书第五章中的"非暴力主义：不止于客西马尼、亚斯纳亚·波利亚纳"一节）。俄国另一小说家陀思妥耶夫斯基就曾在他的《作家日记》中奚落列文的孤立主义：一边关心妻子的胃口和孩子的洗澡水，一边对巴尔干半岛上受苦受难的妇孺熟视无睹。

事实上，尽管列文一家生活在家族庄园的庇护下，与世隔绝，但列文心里仍然装有他人，这一点跟蚂蚁兄弟梦想着所有人都能获得幸福不谋而合。在《安娜·卡列尼娜》的最后，一道闪电劈下，击中一棵橡树，险些夺走吉娣和孩子的性命。列文看到他深爱的家人们安然无恙，欣喜不已。就在那一天，经过绝望的思想斗争，他重拾信仰。

列文认为他自己"自打出生就已接受"基督教义，由此坚定了对基督教义的信仰，"不管他喜欢与否，都将他团结在一群信徒当中，组成教会"。念及此，列文却心神不安起来。他凝望苍穹，自言自语道："那信仰其他宗教的人呢？那些人也很虔诚，乐善好施呀。"上帝会不会否定其他宗教"关于善的启示"，不愿意救赎信奉"犹太教、伊斯兰教、佛教、儒教"的人？小说终章的这些发问暗示着列文不会满足于在庄园内"玩蚂蚁兄弟游戏"，他和托尔斯泰一样，也想找到那根"绿棒"，并将一直寻找。然而，夜空繁星点点，似乎在告诉列文，这世上确有上帝存在。列文臣服了，至少在这个夏夜，他臣服于上帝的无限善良和智慧，并确信自己在有生之年亦可多行义举。

现实世界中的蚂蚁兄弟

托尔斯泰继续写作、生活和工作，希望将真理昭告天下，使兄弟之爱盛行，所有敌意终止，这一切可以凌驾于蚂蚁兄弟的庇护所、塞瓦斯托波尔的防空洞、皮埃尔和普拉东所在的战俘营，以及列文的家族庄园之上。继《安娜·卡列尼娜》之后，托尔斯泰的一系列著作皆以信仰为主题，他从耶稣的《登山宝训》中提炼了几条社会福音："天下太平"、"普世之爱"和非暴力主义。在《我的信仰》中，托尔斯泰写道，如果人们按照这种方式生活，"所有人都将成为兄弟，每个人都将与他人和平相处，在上帝所赐的生命中享受世间所有福祉。人们将铸剑为犁，天下可谓太平"。这就是蚂蚁兄弟的梦想，也是托尔斯泰的信仰。

1902年，托尔斯泰已被视为享誉全球的圣贤化身（也是俄国政府和教会的眼中钉），他写了一封信给沙皇尼古拉二世，称后者为"亲爱的兄弟"。托尔斯泰解释道，他用这个令人意外的称呼是因为他"不仅是在给一位沙皇"写信，更是给"一个人——一个兄弟"写信。他还说，因为他感觉自己将不久于人世，所以这封信写得"好像来自另一个世界"。（他当时虽病得十分严重，但最后会康复，并再笔耕不辍八个年头。）在那个世界里，将人划为三六九等的权力、阶级、国家、信仰及性别已不再重要，所有人都是兄弟姐妹。

托尔斯泰写这封信的时候，俄国社会动荡不安，愈演愈烈，最终导致了1905年和1918年的两场革命。在信中，托尔斯泰告诫沙皇，独裁是"过时的统治模式"，不适合俄国人民的需求。他警告沙皇，继续现行做法，将会给俄国人民和沙皇自己带来无尽的灾难。最后，他劝告沙皇播撒兄弟之爱，并给出具体建议。托尔斯泰试图将蚂蚁兄弟的梦想变成政治现实，并将那根绿棒上刻着的秘密传扬于世。这封信虽然有点儿逞血气之勇，但托尔斯泰还是站在蚂蚁兄弟的立场，希望将沙皇争取为他们中的一员，并激励他以兄弟之爱的精神行事。受驱于这种兄弟之爱，托尔斯泰与数不清的人通信，其中就包括莫罕达斯·甘地，并发现后者也致力于类似的理想。托尔斯泰仍然相信蚂蚁兄弟的梦想可以实现，并为之尽智竭力。

第二章

托尔斯泰的战争与和平观

　　托尔斯泰常被誉为"现代战争小说之父"。在战争故事选集《战争中的人》（*Men at War*）的前言中，海明威说道，写战争，无人能出托尔斯泰之右。诚如海明威所言，"作家的工作就是讲述真相"。托尔斯泰描写战争之所以如此出彩、独具一格，是因为他想极力揭示战争的真相。在他早期创作的克里米亚战争故事《五月的塞瓦斯托波尔》的结尾，托尔斯泰写道："我所述故事的主角无他，唯有真相。我爱之深切，曝之细微，无论是过去、现在，还是将来，真相之美永不凋零。"他借此言语，宣告对真相的忠诚。托尔斯泰渴望讲述真实的战事，因此，他需要打破传统。

　　托尔斯泰从不把任何参战者当作主角，"勇气可嘉"的军官也好，"为信仰、君王、国家"而亡的烈士也罢，主角只有一个，那就是真相。在《五月的塞瓦斯托波尔》一书中，托尔斯泰明确表态，他不会重复"为国捐躯乃崇高之义举"的老套谎言。与之相反，托尔斯泰承认，依据光荣和英雄主义的标准定义，他笔下的英雄人物所具备的一切品质应该是"非正非邪"，"既非英雄，亦非恶棍"。因为在战争中，这些区分标准实在是模棱两可。

　　战争即地狱，这仅仅是托尔斯泰揭露的真理之一，他进一步指出，战争有违"爱的法则"，而这恰是参战者口口声声拥护的。在《五月的塞瓦斯托波尔》的最后一幕，为了掩埋成堆的尸体，双方只好暂时休战，与敌方亲善，托尔斯泰不禁发出疑问："为什么他们不能像兄弟般怀着热泪和欣喜拥抱呢？"他们非要在黎明时重启杀戮吗？在蚂蚁兄弟的游戏中，托尔斯泰相信人类应亲如兄弟、彼此相爱，而非互相残杀。那么，他们在为何而战？

　　小说进一步暗示，揭露战争的真相却成了人类不能承受之痛：为了实现自己的目标（在这里指发动战争），人类压制了这些"不知不觉隐藏于每个人灵魂深处"的真相。

晚年的托尔斯泰直面这些真相：他批判战争，宣扬非暴力主义，反对假借爱同胞之名来伤害他人的爱国主义。

在创作战争故事之初，年轻的托尔斯泰尚未下定决心放下武器，也没有准备好对抗这个世界。同时，面对严格的政府审查和敏感的读者群，要想让小说出版，他就不能把当时的俄国战争批判得一无是处。（在写作和修订的过程中，托尔斯泰牢记这些限制。但编辑和审查机构有时还会再做修改，托尔斯泰对此恼怒不已。）不过，从他的早期战争小说起，在关键情节中，即使是在描述热衷战事、心怀荣光的军官或保卫祖国的爱国士兵时，托尔斯泰仍选择揭露真相之残酷，并发出灵魂拷问。托尔斯泰在后期的纪实类作品中颂扬的和平主义，亦可在其早期小说中找到端倪。

托尔斯泰和他的前辈们

托尔斯泰力求变革战争故事，但也借鉴了从古希腊史诗诗人荷马相传至今的创作传统。关于自己的史诗小说《战争与和平》，托尔斯泰曾对作家马克西姆·高尔基说："不谦虚地说，这本小说可以媲美《伊利亚特》。"荷马和托尔斯泰一样，对战争与和平的更迭极感兴趣。每每谈及战争，荷马必提和平，无论是在明喻、对话、情节设定，还是在对阿基琉斯①之盾的描述中，都夹杂一丝遗憾，甚至称得上抗议的情绪。

《伊利亚特》以对战双方停火告终，特洛伊国王普里阿莫斯之子赫克托尔战死，希腊勇士阿基琉斯这才和这位父亲产生片刻的共鸣。残忍虐杀赫克托尔之后，看见老国王悲痛欲绝的模样，阿基琉斯心生不忍，同意归还赫克托尔的尸体，让普里阿莫斯为其举行葬礼，妇女们见之无一不悼泣。这一幕不禁让人联想起托尔斯泰的战争故事中令人难忘的场景：战士们暂时把荣誉或国家抛在脑后，与对方阵营的战士产生惺惺相惜的兄弟之情。但是，在《伊利亚特》中，荷马也明确表示，杀戮将再次爆发；愤怒之火没有熄灭，战争仍将继续。即使是在赞美战斗者的英勇的情节里，荷马也不忘揭露战争带来的哀伤。

时间再往后推，托尔斯泰发现法国作家司汤达也试图剥下战争浪漫的糖衣，描述其本质。托尔斯泰将他奉为自己最直接的文学模范。恰如一位法国评论家所言，司汤

---

① 《伊利亚特》中的人名译法与"牛津通识·传记"系列的《荷马》内文一致。——编者注

达能够更"如实地"描述战争的情境,部分原因是他缺乏信念。司汤达描述战争的著作一经问世,其他作家就很难再以之前史诗的形式来讲述战争了。在《帕尔马修道院》(1839)一书中,司汤达以新兵法布利斯·台尔·唐戈的经历为线索,讲述了滑铁卢战役的故事。战役结束之时,"战争再也不是那些热爱荣光之人,在看了拿破仑的战争宣告后,想象的一项崇高事业"。司汤达借用法布利斯这样一名新兵,在经历这场战役后仍"懵懂无知"来还原战争"本来的面目"。托尔斯泰认为此法甚妙。

站在一个无知的观察者角度描述战争——托尔斯泰成了使用这种叙述方式的行家,他还将之应用于歌剧和其他形式的写作上(见本书第七章"陌生化或'新视角'"一节)。在《战争与和平》的一个著名桥段中,托尔斯泰以皮埃尔·别祖霍夫的视角呈现了博罗季诺战役。同样地,皮埃尔从未参战,误打误撞上了战场,而后为敌军所俘(见图2)。和司汤达一样,托尔斯泰使用这种方法来讽刺战争的残酷,但不同的是,他也描述了皮埃尔的道德恐慌。托尔斯泰笔下的皮埃尔"什么也不明白",但他知道所有人都应该"为他们所做之事感到恐慌",并立刻停手。

图 2 《战争与和平》博罗季诺战役中的皮埃尔·别祖霍夫（得门蒂·施马里诺夫绘）

高加索地区的战争故事

托尔斯泰的首次参战经历是在高加索，这是位于黑海和里海之间的一个山区，几十年来，沙俄一直在此地作战，企图征服并控制当地人。1851年，23岁的托尔斯泰与大哥尼古拉一道，来到后者所在军营的驻扎地车臣。在那里，托尔斯泰待了3年,一开始没有正式职位,后来成为沙俄炮兵的一名候补军官。

出发前往高加索之时,托尔斯泰正式开始了他的创作生涯。他先创作了《童年》并于1852年出版,而后继续记录当时俄国国内的上层生活,写下《少年》和《青年》,完成了三部曲。在这一系列以家庭为主题的小说中,托尔斯泰还加入了俄国征服高加索的故事,这深受他的浪漫主义前辈们的喜爱,包括普希金、莱蒙托夫等。托尔斯泰一生写下了不少发生在高加索地区的战争故事,包括《袭击》(1853)、《哥萨克》(1862年完稿)、《高加索俘虏》(1872),以及后来的《哈吉穆拉特》(1912年出版)。

在他所写的第一个战争故事《袭击》中,托尔斯泰战略性地使用了第一人称视角的局外人身份,全程记录了俄军对车臣一个村庄的袭击。这种叙事手法既可以记录战场的毁灭性场景,也可以表达参战者未宣之于口的感受。拥有第一人称视角的这个志愿兵想看到"行动",想要间接体验一些年轻军官对战争的"狂喜",并享受所谓的"壮观场面"。但是,他宣称,"一场奇观"被骑兵过度浮夸的表演"毁了",他们以"风卷残云"之势"呐喊着",向已被炮弹轰炸一遍的村庄疾驰而去。一个受伤的男子在呻吟,这个志愿兵记录道:"除了他,好像没有人注意到","战场瞬间失去了魅力"。他的营长怀疑他仅是"为了看人是如何被杀死的"。最后,这个志愿兵没有过多地思考他自己是否真的想看到暴力场面,也没有过多地思考暴力本身——托尔斯泰给读者留了足够的思考空间。

在托尔斯泰的《袭击》中,叙事者使用了一种很独特的方式来描述大自然和自然界的生物。有一次,在等待俄军发动对一个村庄的伏击时,《袭击》的主角倾听着夜晚的声音,他提到小河里传来的"青蛙的鸣叫声"。托尔斯泰还加了一条脚注,说"高加索地区的青蛙叫声不同于其他地方青蛙的呱呱声"。当然,托尔斯泰并非要突出当地特色或是自然细节。在这样一个漫长的夜晚,青蛙的鸣叫只是描述叙事者所感所思的一小部分。自然界的声音——青蛙、豺狼、蟋蟀、鹌鹑的叫声融为一体,美丽而和谐,而人类的声音——"一台手摇风琴吱吱呀呀奏响的极光圆舞曲"(为了取悦沙俄征服者)、"军官下达命令的声音"、"重炮的咣当声"——都是噪声。

在这样的环境里,叙事者不禁抬头望向"满天繁星",暗自思考:"身处如此迷人的大自然,人还会心存仇恨,报复或灭绝同类吗?"同样的"星空"也曾让德国哲学家康德被触动，他因此对头顶的星空和内心的道德法则油然而生敬畏之情。所以，托尔斯泰的第一个战争故事也是一个和平故事，他借此发问：星空有一种"抚慰人心的美和力量"，为什么人们不能受其感化、静听蛙声，非要大肆杀戮呢？

在高加索的战争故事中，除了惊叹人自然的美妙，托尔斯泰和其笔下的人物有时也对异族感兴趣。在托尔斯泰笔下，俄国军官试图融入当地，模仿鞑靼人（该地区讲突厥语的民族）的穿着和骑马方式。托尔斯泰的遣词造句极尽挖苦之能事。他本想告诉读者，文化差异并不能阻绝兄弟之爱，但最终只是提醒了读者帝国征服的政治现实。托尔斯泰在此暗暗发问：在一个政治现实和社会环境都与兄弟之爱相悖的国度里，如何实现普世之爱呢？

托尔斯泰还在小说中用了一个鞑靼人的词，这个细节，哪怕只是短暂的一瞬间，都会让人联想到正遭受俄军入侵的当地人。当"龙骑兵、哥萨克骑兵、步兵"在"得意扬扬地"搜查他们洗劫过的村庄，找寻战利品时，一个哥萨克骑兵找到了一"*kumgan*"牛奶，喝了一大口，然后大笑着把它扔到地上。托尔斯泰用脚注解释道，"*kumgan*"的意思便是"杯"。但就在那一瞬间，不经意之中，托尔斯泰突然就把读者带到了当地原住民的日常生活中，而亲手毁掉这种生活的绝大多数俄国士兵却对其视而不见。

《哈吉穆拉特》是高加索战争故事系列的最后一本，也是托尔斯泰所著的最后一个战争故事。托尔斯泰起笔于1896年，但他去世之后这本书才出版。在这本书里，托尔斯泰再次采用了"袭击"这个主题，描述对车臣一个村庄的袭击过程，只不过这一次的叙事角度有两个：袭击者和被袭者。一开始，他跟随的是俄军袭击者，他们怀着"一种诗化的战争概念"，对自己造成的破坏和痛苦熟视无睹。下一章，那个村庄的原住民回来了，发现房屋被焚烧，庄稼被践踏，神明被亵渎，水源被污染。

由于《袭击》采用第一人称的叙事手法，叙事者只能讲述他所看到的，《哈吉穆拉特》的叙事者则突破了空间限制，可以自由描述不同的场景，记录不同人物的内心活动，其中包括沙皇尼古拉二世、车臣的伊玛目沙米尔，以及被袭村庄的原住民（托尔斯泰在写《哈吉穆拉特》时，创作手法较之年轻时更自由）。以下是托尔斯泰想象的被袭村民的反应：

所有车臣人，上至耄耋老人，下至垂髫小儿，内心远非仇恨那么简单。那不是仇恨，因为他们并不把那些俄国狗当人来看。这帮孽障毫无缘由的残暴，让车臣人十分反感、恶心和困惑。车臣人想将他们消灭殆尽，这种欲望，就像屠杀老鼠、毒蛛、豺狼一样，仿佛与生俱来，是一种自卫的本能。

在《哈吉穆拉特》中，托尔斯泰谴责了战争的残酷。当初在《袭击》中，通过描述那个大笑的入侵者将一杯牛奶掷于地上，他亦将战争的残酷留待读者想象。

战争本相与塞瓦斯托波尔的死亡阴霾

1854年秋，时任陆军少尉的托尔斯泰请命调往克里米亚半岛，在那里，俄国正与英、法、奥斯曼帝国交战。他的塞瓦斯托波尔战争故事系列——《十二月的塞瓦斯托波尔》《五月的塞瓦斯托波尔》《八月的塞瓦斯托波尔》（1855）——就是基于他在当地的亲身经历。那场战事因宗教纷争而起——俄国想要保护正教会基督徒在奥斯曼帝国的权利，同时控制位于巴勒斯坦的圣地。然而，这场从

1853年持续到1856年的战事最终演变为对一块战略要地的争夺之战。

克里米亚战争被誉为第一次现代化战争,它运用了当时的科技、交通和通信成果。它也是史上首次战事照片及报道通过电报及时呈现给大众的战争。这意味着,在战争爆发时,大众是知情且可参与其中的。

英军方面,威廉·拉塞尔给伦敦《泰晤士报》撰写系列快讯,并如他所述,"因为说出了实情而遭到口诛笔伐"。罗杰尔·芬顿以照片的形式记录战争,他拍了(可能是摆拍)一张名为《死荫的幽谷》的照片,照片中是炮弹散落在荒芜山谷的场景。而在英国国内,诗人丁尼生在《轻骑兵的冲锋》中描述了600名士兵奉命冲进"死荫的幽谷":"说什么豪言壮语,扯什么质疑犹豫。只见前仆后继的人,眼睁睁把死来赴。"护士弗洛伦斯·南丁格尔则提请人们关注伤员的疾苦,以及各种传染病导致的死亡,要知道,这些传染病本是可以预防的。托尔斯泰也参与了现代战争的报道,他写下了塞瓦斯托波尔系列故事,实时见证了苦难,并促使大众思考以他们的名义所行之事。

《十二月的塞瓦斯托波尔》带领读者踏上了一场战争之旅,并向我们展示了《袭击》的叙事者想要看到的:

"人是如何被杀死的。"整本书中,托尔斯泰采用第二人称叙事手法,告诉"你"你的所见、所闻、所思、所感,带着"你"穿过围困之城,到达俄军据点——在那里,一个俄国军官为了取悦你,下令向敌军开火。没过多久,在一场小规模冲突中,一个俄国水手负伤。他在担架上留下了临终之言:"再见了,原谅我,兄弟们。"战争故事的作者一般不会对这种"平凡无奇的英雄"致敬,但托尔斯泰不同。他借这位英雄的临终之言,歌颂了兄弟之爱,同时也在发问:他为何而死?托尔斯泰的战争故事唤起了读者对战争的深思。

托尔斯泰在《十二月的塞瓦斯托波尔》中向读者宣示,他是以一种全新的、更为真实的视角看待战争的:"你将看到的战争没有井然有序、雄伟壮观的队伍,没有军乐悠扬、战鼓咚咚、军旗飘荡,也没有骑在马背上英姿飒爽的将军;你将看到的是战争的真实面目,有的只是流血、痛苦和死亡……"对托尔斯泰而言,想看战争的"真实面目",首先应去医院的截肢手术室。(不久以后,美国诗人沃尔特·惠特曼也想写点儿什么来展现"真实的战争",他和托尔斯泰一样,也把笔墨集中在对医院的描写上——他认为医院"集中"体现了美国内战的"悲剧内核"。)

在带领读者去"战斗"现场——臭名昭著的第四据点之前,《十二月的塞瓦斯托波尔》花了很长的篇幅描述医院。作者还是使用第二人称视角,于是身为读者的"你"目睹面前的痛苦,不禁心生嗟叹,"你"尝试和伤员交谈,但"你"意识到对那些刚失去一只胳膊或一条腿的人来说,语言多么苍白无力。最后,"你"走进截肢手术室,亲睹手术的过程:

> 好吧,要是你心理承受能力够强的话,请从左边的门进去吧:就是在这个房间,他们给伤员包扎伤口,甚至做手术。你会看到几个医生,脸色苍白,神情阴郁,整个小臂都沾满了殷红的鲜血,围着一张病床,忙着给一个躺在床上、已经上了麻药的伤员做手术。截肢手术虽可怕,但做了才能活命。你会看到锋利的弯刀划开健硕白皙的肉体;你会听到那个伤员在恢复意识的一刹那发出惊悚的、令人心碎的尖叫和咒骂;你会看到医生的助手将截下的残肢随手扔在一角;你会看见,就在这间屋子里,另一个躺在担架上的伤员,因目睹自己同伴的手术过程,而不安地扭动身体,

发出痛苦的呻吟,这与其说是出于肉体上的苦楚,倒不如说是因预期而引发的精神折磨;你会看到这一切足以让人魂飞魄散的可怕景象。

托尔斯泰想用这种直接的描述叩击读者的灵魂,而他将读者置于目击者的位置,效果无疑更为震撼。

《战争与和平》中对拿破仑的亦仿亦伐

《战争与和平》记录了俄国人战胜拿破仑的历史,并刻画了拿破仑在俄国人心目中的种种形象。托尔斯泰笔下的拿破仑最终败在了俄国的寒冬和广袤土地上。俄军先是驱散了莫斯科的民众,然后放了一把大火烧城,让拿破仑占领莫斯科的美梦落了空。

《战争与和平》描述的故事始于1805年,那时一众年轻人急于前往奥地利前线,与拿破仑作战,其中就有安德烈·博尔孔斯基、阿纳托尔·库拉金和尼古拉·罗斯托夫几人。但他们为何而战?如果小说始于1812年拿破仑入侵俄国时,可以说他们是为保卫祖国而战。但在1805年,他们的行为只能说是出于其他动机:野心、无聊或对沙皇的忠诚。尼古拉的父亲罗斯托夫伯爵用一句话概括了他们的动机，他说："布奥拿巴的事迹让他们激动不已，他们都在不停琢磨他是如何从少尉当上皇帝的。"尽管罗斯托夫伯爵用科西嘉语"布奥拿巴"来称呼他（而非对一位皇帝该有的称呼方式——法语姓氏波拿巴或仅用名字拿破仑），但这提醒了他的听众，拿破仑大帝本是科西嘉岛上一个寂寂无闻的小人物。这些年轻人受到拿破仑迅速上位的鼓舞，纷纷以他为榜样，尽管双方要兵戎相见。

虽然在小说的第一段，拿破仑被称作"反基督者"（在一次沙龙中，当时的女主人为了哗众取宠，用法语如是说道），但实际上，托尔斯泰笔下的贵族圈一度十分崇拜拿破仑。皮埃尔·别祖霍夫崇拜拿破仑，因为他觉得拿破仑维护了法国大革命的理想，如"维护人权、摆脱偏见和公民平等"。而博尔孔斯基怀孕的妻子丽莎则认为，在拿破仑的授意下犯下的诸多暴行，例如在雅法（今以色列）就地处决 4 000 名囚犯，让这些（功绩）不值一提。

至于博尔孔斯基，他崇拜拿破仑的理由是：拿破仑绝不允许任何事情成为他成功路上的绊脚石。博尔孔斯基由此想到了自己——他觉得自己被怀孕的妻子束缚住了，像一个"被铁链锁住的罪犯"——并得出结论，他应该效仿拿破仑，突破羁绊，去寻求属于他的荣耀。托尔斯泰还赋予博尔孔斯基一些身体特征，如手很小，以彰显他与拿破仑的相似之处（见第七章"托尔斯泰式的现实主义"）。

弗朗哥·莫莱蒂曾说："如果没有拿破仑，文学史将会大不相同。"小说的生命力源于角色的可塑性、野心、动力和欲望，而拿破仑一人似乎兼备了以上所有要素，并且有鼓舞他人的魔力。拿破仑本人也意识到他生活轨迹的戏剧性，曾说："我的生活简直就是一部小说！"效仿拿破仑成为19世纪法国小说的主旋律，例如司汤达的《红与黑》，其主人公就以拿破仑为榜样，痴迷于追求权势。像同时代的其他俄国作家一样，托尔斯泰的创作灵感也取自哲学家黑格尔口中"世界精神"的代表人物——拿破仑。但在托尔斯泰笔下，拿破仑并未被神化，仍是一介凡夫。

《战争与和平》拆穿了武力神话和伟人光环，告诉人们历史洪流滚滚向前，并不为军官、拿破仑抑或是沙皇的意愿所左右：

> 这场战斗的走势不是由拿破仑决定的，因为他的所有命令都未被执行，他并不知道战场上正在发生什么。所以并不是拿破仑让这成千上万

士兵互相残杀的，这一切之所以发生，乃是由这成千上万士兵的共同意愿促成的。只不过这一切，看上去似乎都由拿破仑促成。

实际上，战争的爆发和其他事情一样，皆经历了长期的过程，不受任何个体控制，并且超出了人类的认知范围。

如何讲述真实的战事？

托尔斯泰还注意到，人们对战争的描述——参战者的口述、他们的家书及回忆录——与"真实发生的事情"不符。早在《十二月的塞瓦斯托波尔》中，托尔斯泰就已察觉，若一个战争故事的讲述者显得"过于重要"，即他在战争中的表现十分从容，这个故事就已经偏离了事实。所以，托尔斯泰关注的是战争中更为重要的因素，例如文化、制度，以及那些刻在骨子里的、健全人格的因素，而这些因素要求叙事合理、连贯。托尔斯泰意在揭示战场上（哪怕是在国内战场）的"真实"场景，是如何有别于那些整齐划一、蓄意美化的情节的。

在《战争与和平》中，当尼古拉·罗斯托夫向儿时伙伴们讲述他在舍恩格拉本战役中是如何受伤的时候,他说的话"跟那些参加过一次战役的人如出一辙,也就是说,他们根据自己的想象或者道听途说的战争场景,怎么说会更好听来讲述战事,但实际上却与事实南辕北辙"。托尔斯泰发现"说实话很难,而年轻人鲜有说实话的能力"。如果罗斯托夫说了实话,他的朋友们就会瞧不起他:"他的听众期望听到的是一个英勇战士的故事。他是怎样一身血气,满腔激情,左右开弓,杀出一条血路,他的剑是怎样品尝到血肉的味道,他又是怎样在筋疲力尽后倒下的。"

小说到了这个节点,读者已经目睹了真相。受伤的罗斯托夫在敌我阵地(也是生死)的边界遇到了一名法国士兵。罗斯托夫没有把他当成敌人,而是当作一个可能会施以援手的人。他甚至无法想象有些敌人会想要杀害他。在这里,所有人都是满怀友爱的兄弟。罗斯托夫陷入疑问:"他们是谁?他们为什么在跑?他们会不会向我冲过来?为什么?要杀我?要杀死大家都爱的我?"濒临死亡之际,罗斯托夫将俄国军官的身份丢在一边,重拾对所有人的爱,而那正是托尔斯泰(和他的蚂蚁兄弟们)眼中值得追求的爱。

就算诚实的罗斯托夫"不幸跌入"真实讲述的"陷阱",最终也可能屈服于世俗。他也许是想保护自己不受真相的伤害,这个真相,正如托尔斯泰在《五月的塞瓦斯托波尔》中所提及的那样,隐藏在每个人的灵魂深处,而且最好永不可及,以免扰乱正常的生活。小说给出了许多理由,解释为什么罗斯托夫可能想避开这个真相:保全面子,满足野心,继续活下去,以及无法承受战争真相之痛。因此,罗斯托夫以这个世界能接受的方式讲述了这个故事。然而,通过向读者呈现"现实",《战争与和平》让我们自行感受到故事和真相之间的深渊。

道德恶心的觉醒

通过塑造罗斯托夫这一人物形象,托尔斯泰强烈批判了民族主义和爱国主义思想,称其是战争小说中宣扬责任、牺牲及妖魔化敌人的罪魁祸首。罗斯托夫献身军营,敬爱沙皇,但到最后,他对战争和沙皇的幻想破灭了。这时,托尔斯泰再次借用医院这一场景,向读者和罗斯托夫揭示"战争的真面目"。当时,罗斯托夫去医院看望他受伤的中队长,虽然早已适应战争生活,但面对医院里的阵阵悲痛、声声呻吟，他仍颇感震撼。罗斯托夫本就对沙皇不满（沙皇在1807年提尔西特和约谈判期间一再向拿破仑妥协），如今又目睹这个场面，几近崩溃。整个社会秩序、军队、帝国、社会体制，以及处于这一切中心的沙皇，都在他心中慢慢瓦解。不过，他还是强行说服自己，继续负重前行。

1812年，这种疑虑和幻想的破灭再一次侵蚀了罗斯托夫。当时，他正领着一支中队向法国龙骑兵冲去，而后用军刀刺中了一位法国军官，并将其俘虏。但是，当他看到这个人下巴上的笑窝时，不禁为之一怔，因为这"不是敌人的脸"。他竟把这个人刺伤，还差点儿杀死他，对此，他羞愧难当、懊悔不已。以上种种，皆表明罗斯托夫看似爱国，实则心中亦有托尔斯泰式兄弟之爱的种子，这种爱可超越荒谬的国籍之分。

托尔斯泰将罗斯托夫的痛苦定义为"道德恶心"。"道德恶心"是指托尔斯泰笔下的主人公内心所经历的一种挣扎：内心的道德律法告诉他们，这个世界的运转方式——它的施行举措、价值引领、褒奖回馈——有问题，他们却要继续与之共存，沆瀣一气，而不是做些什么去改变现状，就连说实话也不敢。托尔斯泰晚期作品《复活》中的主人公聂赫留朵夫同样经历了"道德恶心"。在《天国在你心中》这部作品里，托尔斯泰提到，改变生活方式是很难的，很少有人有魄力去采取激进措施。即便如此，他始终倡议"涤净罪恶""承认真理"，并相信这样会带来一些改变。罗斯托夫也开始做出改变，虽然他和许多人一样，没有摒弃自己的生活方式。

和平主义：不止于《战争与和平》

在《战争与和平》中，托尔斯泰对战争的必要性进行了哲学思考，认为其固然邪恶，却不可避免。他还写道，当拿破仑威胁到俄国领土时，俄国士兵受"内心深处的爱国主义热情"驱使，一举赢得博罗季诺战役。在博罗季诺战役前夕，托尔斯泰为皮埃尔和安德烈安排了最后一次关于战争的对话。其实在小说的开头，皮埃尔曾梦想着有一天世上不再有战争，而现在安德烈则回应道："那永远不可能。"要知道，安德烈之前也承认，如果战争只是出于信念，那么就不会有战争。

但现在，安德烈将要为了保卫家园、父亲、妹妹和儿子而作战。安德烈还认为，在战争中是不可能遵守规则的。假装战争应该或者确实在遵循惯例，就像"一位女士，看到小牛被宰杀会晕倒——她是如此善良,见不得血,但吃起带酱汁的小牛肉时却津津有味"。安德烈的原则是"不要俘虏,要么杀掉,要么被杀"。那么,安德烈的论调真的改变了吗?还是"爱国主义"和保卫家园、父亲、妹妹与儿子,最终并非驱使他在第二天走上战场的原因?托尔斯泰把这个问题留给了读者。

后来,法国对俄国领土的威胁不再,小说展示了俄国人和敌对的法国人之间的兄弟之情,例如尼古拉的弟弟彼得亚和一个法军鼓手俘虏,以及一些农民兵和两名法国士兵,当这两名士兵与撤军的拿破仑大部队走散后来寻求食物时,这些农民兵怜悯道:"他们也是人啊。"托尔斯泰再次展示了兄弟情谊的潜力:个体行事遵循内心的道德律法,头顶星空亦为他们喝彩欢呼。

那么早期反战的抗议呢?它们被抹去了吗?早些时候,安德烈的妹妹玛丽亚用法语写了一封信,描述她"目睹了令人心碎的场面"——她见证了新征农奴兵被带走时的场景:"你真应该看看他的母亲、妻子和孩子的反应,看看那位农奴兵的样子,再听听他们啜泣的声音。似乎人类已经忘记了救世主的律法,将他宣扬爱和谅解的教义抛掷脑后,却视杀戮的技巧为至上荣耀。"完成《安娜·卡列尼娜》创作的托尔斯泰接受了玛丽亚的信仰,即战争或任何形式的暴力都违背了耶稣爱的教诲(见第五章"非暴力主义:不止于客西马尼、亚斯纳亚·波利亚纳"一节)。

托尔斯泰甚至希望,就像皮埃尔梦想的那样,有一天将不再有战争。毋庸置疑,很多人将他的和平主义调侃成一个不可能实现的天真幻想,对此,托尔斯泰早已了然于胸。因为,在《战争与和平》和其他许多作品中,托尔斯泰已经预演了这一切——当皮埃尔说他希望有一天不再有战争时,安德烈和玛丽亚的父亲、暴躁的老博尔孔斯基讥讽道:"把人们的血放干,然后把水灌进血管,就不会再有战争了……"

在写作最后一部战争小说《哈吉穆拉特》期间,托尔斯泰积极宣扬和平主义思想,他的写作重拾了早期战争叙事的手法。托尔斯泰表现了哈吉穆拉特等人物善恶交错的复杂性(哈吉穆拉特是一位阿瓦尔人领袖,在俄国征服高加索的战斗中率众抵抗,但后来,他与抵抗军的主要领导人沙米尔发生冲突,于是向俄军投降,最后在试图逃跑以解救家人时被杀害)。《哈吉穆拉特》中的每一个人都对战争习以为常,每个人手上都沾有鲜血。托尔斯泰本人也不例外。关于这一点,他采用象征手法提醒了我们。在序言中，他描述了一个场景：年迈的他走在归家的田野上，拔了一根蓟草，手被刺破流血。后来回想起这个场景时，他联想到了人类的毁灭性本质、哈吉穆拉特最后的日子及死亡。（他解释说，为了创作《哈吉穆拉特》，他结合了自己的想象、搜集的信息，以及他对高加索战斗时期的印象。）

托尔斯泰一开始就指出了人类的毁灭性本质，而在小说的结尾，一位女性的发声对其做了呼应。当俄国士兵举着哈吉穆拉特的首级游行时，那被砍下的头颅仍保留其独特的"童真"且"善良"的表情，负责炊事和照料战士们的玛丽亚·德米特里耶夫娜谴责他们都是"刽子手"。一位年轻的军官回应说，"战争就是战争"，但玛丽亚拒绝接受这种陈词滥调，进而拒绝所有为战争正名、维护现有秩序，并使"文明"世界运转的所谓"金科玉律"。玛丽亚执意称他们为"刽子手"，彰显了一种托尔斯泰式的真相，哪怕杀戮仍将在这里继续——就像在 1854 年 5 月的塞瓦斯托波尔或《伊利亚特》结尾处的特洛伊城一样。

托尔斯泰在其后期的反战论著中，直言不讳地发声，为他在战争题材小说（从《袭击》开始）中的角色或叙事者想表达的真理，列举了一系列有力的论证。1904 年，他撰写了一篇名为《反思你自己》的文章，谴责当时刚刚爆发的俄日战争。这篇文章以英文发表，同时在《纽约时报》和伦敦《泰晤士报》上刊登，也以小册子的形式出版。这个标题来源于两处福音书经文（经托尔斯泰糅合）："日期满了，神的国近了。你们当悔改，信福音"（《马可福音》1：15），以及"你们若不悔改，都要如此灭亡"（《路加福音》13：5）。托尔斯泰相信"阻止战争的正确方法是停止发动战争"（按照欧内斯特·克罗斯比的诠释）。人类是时候重新审视自己了，即进行深入思考，下定决心拯救自己的命运免受毁灭。一直以来，这样的内容在托尔斯泰的战争小说中比比皆是。

第三章

爱

托尔斯泰刚满14岁不久,哥哥们就带他去了妓院。在"做下那件事"以后,他"站在那个女人的床边啜泣"。从那次让他失去童贞的经历,到年轻时的风流韵事,再到步入婚姻,生下十几个孩子,中年以后提倡守贞禁欲(在他最后一个孩子出生之前),再到晚年与妻子不和、离家出走,直至去世,托尔斯泰一生的情爱故事被广为记述,人们对此褒贬不一。托尔斯泰本人在信件里、日记中,甚至是与传记作家的交谈中,都毫不避讳,坦然陈述这一切。还有其他人,包括他的妻子,也留下了自己的描述。

托尔斯泰的主要小说因其自传体性质和心理描写艺术

而闻名，它们大致遵循了托尔斯泰的生活和爱情轨迹。他从《童年》《少年》《青年》三部曲起笔，描述了幼年丧母的孩子对爱的渴慕及俄国上层家庭孩子快乐的童年生活。而后，在《战争与和平》中，托尔斯泰歌颂俄国的婚姻和家庭生活（淡化性欲）。在《安娜·卡列尼娜》中，托尔斯泰探索了通奸的激情、夫妻之爱的平淡乐趣，以及家庭生活的不幸。继而，在《克莱采奏鸣曲》中，他痛斥性、婚姻和家庭生活。在晚年写的爱情小说中，托尔斯泰试图抚平性罪恶感，热衷于讲述民间关于爱和死亡的寓言故事。

在描述天伦之乐和浪漫激情时，婚内的也好，婚外情也罢，托尔斯泰总是不忘提醒人们要爱上帝和邻居，并通过他的人物发问，人们当真能结合、平衡、妥善调和这些爱吗？还是说某些爱从本质上就和其他爱是相斥的？托尔斯泰笔下的人物会思考西格蒙德·弗洛伊德提出的关于爱邻居的问题：爱邻居，是否会和爱"自己的人"有冲突？托尔斯泰渐渐看清，性爱和家庭生活都是为了满足自己，而非为了上帝。托尔斯泰笔下的主角常常心怀蚂蚁兄弟爱所有人并希望人人幸福的梦想。也正是因此，他们往往很难实现家庭幸福，享受性爱。

正如托尔斯泰在《忏悔录》中所言，婚姻和家庭生活曾给他带来幸福和生命的意义,然而,他后来发现,和其他世俗活动一样,这些只会蒙蔽双眼,使人忽视真正有意义的事情——信仰。他得寻找"连死亡也无法摧毁的生命意义"。在死后留下子嗣或一部《安娜·卡列尼娜》,对他来说既不是一种安慰,也不足以使他分心。但在意识到这一点之前,托尔斯泰在小说中亦已表达了他的忧虑:人必有一死,爱和被爱的意义何在呢?

《童年》《少年》《青年》中的爱之挑战

在托尔斯泰的作品中,性、爱和婚姻都开局不顺。在《童年》《少年》《青年》中,主角尼古拉·伊尔特涅夫在10岁生日过后的第三天将初吻献给了他法国家庭教师的女儿卡金卡——他亲了亲她的肩膀和手臂。在"格里沙"一节中,尼古拉献出了第二个吻。当时孩子们躲在黑暗处偷看圣愚[①]格里沙祈祷,在那一刻,格里沙对上帝的爱、信仰和虔诚把尼古拉看呆了。即便如此,他不一会儿就回到

---

① 圣愚,俄罗斯正教会的特有人物。他们通常是浑身污垢、半疯、半裸体的游民,套着脚镣。他们有些人几乎不能言语,其声音却被解释成神谕。——编者注

同龄人的玩乐游戏中，并且当他被卡金卡推搡时，他亲吻了她的胳膊。这个吻为尼古拉，或许也为托尔斯泰笔下后来的一些主角设定了一个模式：就算他们被看似超越浪漫爱情的宗教情感吸引，仍在笨拙地求爱。

至于婚姻，从尼古拉父母的婚姻开始，三部曲中呈现的是一幅萧瑟之景。尼古拉的父亲据说和"数不清的女人有染"，母亲默默承受这一切，直至离世。在《青年》末了，他的父亲续弦，这个女人每晚蓬头垢面，在房子里游荡，吃着厨房里的冷牛肉或泡菜，等待着她明知道对她不忠的丈夫回家。

在《童年》里，有两个人是托尔斯泰作品中最早在性和婚姻以外寻找生命意义的：圣愚格里沙和娜塔莉亚·萨维什娜。格里沙和大多数人不同，他不是为追求性和成功而活着。尼古拉在他身上看到的爱、专注、痴迷和信仰，与自己在童年、少年、青年时期所经历的其他一切都不同。另一个爱的榜样娜塔莉亚·萨维什娜是尼古拉母亲的婢女，她年少时因境况所迫，不能嫁给心爱之人，此后便全然爱着上帝，无私地照顾着尼古拉的母亲和他的兄弟姐妹。托尔斯泰解释道，尼古拉正是因为受到童年时身边这两位的影响，一生中很难信仰爱情。

《战争与和平》中的情爱、婚姻和家庭幸福

《战争与和平》是托尔斯泰于1863—1869年写成的，这段时间是他人生当中家庭生活相对美满的时期：1862年，他34岁，娶了童年好友的18岁的女儿索菲亚·贝尔斯。虽然从夫妻二人的日记和信件来看，纷争在大婚之夜就已拉开序幕，托尔斯泰本人仍然认为自己头婚时是幸福的。他以这样的心境写下了《战争与和平》。

托尔斯泰曾戏言，要将《战争与和平》命名为《终成眷属》，并使其像他眼中典型的英国小说一样，"情节随着婚姻生活展开"。《战争与和平》的情节在彼得堡的沙龙中拉开序幕，托尔斯泰刻画了在西化程度更高的帝国首都，求偶、婚姻和家庭生活之空洞。调情是非法的，做媒是愚蠢的。相比之下，当托尔斯泰讲述位于莫斯科（被誉为"俄国城市之母"）的罗斯托夫家庭时，他展现了一个贵族家族的日常生活，他们正为母女二人庆祝命名日（母女皆叫娜塔莉亚）。年轻人在嬉戏，亲吻彼此，喜极而泣。所有人，无论是青年还是老年，亲戚还是外人，男性还是女性，主人还是农奴，都聚在一起，欣喜地看着罗斯托夫伯爵与娜塔莎的教母（被称为"可怕的恶龙"）热舞。托尔

斯泰不惜笔墨，描绘了一个生机勃勃的俄国家庭，不惧挑战拿破仑和他所代表的体制（见下框中的介绍）。

俄国人的名字

当读者读到罗斯托夫家的聚会时，会发现出现了许多人物，并且一个人物可能有不同的名字，结果人们更难搞清楚谁是谁了。虽然托尔斯泰小说的大多数翻译都列出了人物及每个人物使用的各种名字，但了解这些名字的来源及其使用的不同场景，也是有所裨益的。

俄国人的名字由三个部分组成：本名、父称和家族姓氏。本名是出生时从有限的名字库中选出来的，在家族成员中经常重复出现，如母女都叫娜塔莉亚（Natalya 这个名字的词根恰好有"诞生"的含义）。

昵称或小名亦取自本名。在《战争与和平》中，女主（也是女儿）娜塔莉亚经常被称为娜塔莎（Natasha）。在某些情况下，对于有些人物，

第三章 爱　　049

比如皮埃尔·别祖霍夫，使用法语名更常见。

父称是在父亲名字的基础上添加后缀形成的。小娜塔莉亚的父称是伊利尼奇娜（Ilyinichna），这表明她是伊利亚（Ilya）的女儿；她的兄弟尼古拉的父称则是男性形式的伊利奇（Ilyich）。在正式称呼时，父称与本名会结合起来使用。

孩子们继承父亲的姓。大多数姓会分性别，比如女性是罗斯托娃（Rostova），男性则是罗斯托夫（Rostov这个姓的俄语词根意为"成长"，与娜塔莉亚连用，增加了生育的意味）。

《战争与和平》中的一些家族拥有世袭头衔，比如伯爵和伯爵夫人、王子和公主等。当这些头衔被使用时，会吸引人们去关注他们的社会地位。

一个人称呼另一个人的方式取决于多种因素：比如，说话人较之对方或被谈论的人的社会地位，以及彼此之间的亲密程度，除此以外，语境和情绪也很重要。因此，在对话或叙述中使用的称呼可以微妙地透露很多信息。

在《战争与和平》的结尾,即1821年,大多数幸存的年轻人都已经结婚。托尔斯泰打乱了小说开头(1805年)所有的情侣关系。不过别尔格和薇拉是例外(别尔格是罗斯托夫家族的长子,薇拉则是家族中的异类),这对夫妇在小说早期就已过上了幸福的资产阶级生活。娜塔莎经历了一系列追求者,在最后选择了与皮埃尔·别祖霍夫结为连理(他们曾在小说开头的舞会上跳舞)。尼古拉·罗斯托夫则巧妙地违背了之前的婚姻承诺,离开了没有嫁妆、在罗斯托夫家庭长大的表亲索妮娅,转而娶了富有的玛丽亚·博尔孔斯卡娅。

托尔斯泰创作的这个俄国版《终成眷属》结局的精彩之处在于,它并没有让读者感到圆满或者平淡,甚至不像是结局。例如,娜塔莎和皮埃尔之间的爱情最初是在1812年皮埃尔目睹天空中划过的彗星时萌生的。但两人的缘分似乎并非天注定,他们的爱情更像是历经战争的苦痛和失败的性经历的折磨后自然而然发生的。在小说结尾,娜塔莎和皮埃尔如获新生,和淫乱的库拉金家族撇清关系(早些年,他们二人分别与库拉金家族的人有瓜葛)。为了实现这个美好的结局,库拉金兄妹在书中相继被安排下线。阿纳托尔·库拉金在毁了娜塔莎的名声后,于博罗季诺战役后在战地医疗所被截肢,之后再也没有出现;海伦·库拉吉娜(皮埃尔的第一任妻子)已经死亡,情节暗示她死于一场失败的堕胎手术。与此形成鲜明对比的是,在小说的结尾处,娜塔莎被描绘为母性的完美典范。

托尔斯泰在描绘娜塔莎和皮埃尔的婚姻关系时,一方面呈现了非常传统的性别角色分配——娜塔莎只关心自己的家庭,而皮埃尔则关心他人的福祉。正如她的哥哥在争吵后所指出的那样,娜塔莎"没有自己的话语",只会重复皮埃尔说过的话。另一方面,托尔斯泰暗示了在夫妻关系中,很难辨别谁是主人,谁是奴隶。他尤其赞扬了二人在独处时相互理解和交流的"神秘模式"。

然而,《战争与和平》的结尾并非"终成眷属"。虽然作为丈夫和父亲,皮埃尔很幸福,但他并非只全身心地关心亲人。他刚从彼得堡归来,在那里,他加入了为普通民众争取福祉而进行的政治活动。托尔斯泰设想皮埃尔参与的活动在一定程度上引发了1825年的"十二月党人起义",导致了一些参与者被处决,还有一些人被流放到西伯利亚。皮埃尔将他参与的活动与欧洲其他自由主义运动相提并论,这些运动都受到"爱"、"互助"及"耶稣以身殉道"的启迪。在小说结尾，皮埃尔似乎无法忽视家庭圈子之外的他人疾苦，这给他的家庭幸福蒙上了一层阴影。

在托尔斯泰笔下，玛丽亚在少女时期曾幻想逃离家庭去做朝圣者，成为"上帝的人"，但现在作为妻子和母亲，她似乎也很满意。在夫妻之间的最后一场对话中，尼古拉抱怨道，皮埃尔总是"谈论邻里之爱和基督教"，而自己关注自我、家庭和农奴并没有什么不对。至于玛丽亚，她信仰虔诚，认为对自己最为亲近的邻居（即他们自己的孩子）负责乃是天经地义，但她也谴责自己爱孩子远超爱侄子尼古拉·博尔孔斯基（尼古拉·博尔孔斯基的父母安德烈和丽莎都已过世，玛丽亚是他的监护人）。托尔斯泰写道，她的灵魂"总是向往无限、永恒和绝对，因此永远难享安宁"。

托尔斯泰幼年丧母，所以大家认为玛丽亚这个角色是他心中母亲的化身，她被赋予了一种超越母爱的宗教责任感。看见他人受苦，她做不到无动于衷。因此，她努力去"像耶稣爱世人一样爱所有人"。在小说中最后一次出现时，玛丽亚脸上显现出"一种严厉的神情，似乎是因为受累于身体，她的灵魂在承受某种崇高且隐秘的痛苦"。她的丈夫不禁想："哦，上帝啊，我总是害怕她脸上会出现这样的神情，如果她死了，那可怎么办啊？"即使尼古拉的前情人索妮娅似乎已经准备好接替玛丽亚的位置，但这一征兆不仅预示着玛丽亚即将去世，她的孩子们将失去母亲，还提醒我们，托尔斯泰认为家庭幸福转瞬即逝，并对此忧心忡忡。

《安娜·卡列尼娜》中的通奸和婚姻

《安娜·卡列尼娜》著名的开篇之句宣称，幸福的家庭和不幸的家庭有着本质的区别，但小说中成功和失败的婚姻都探讨了关于爱的基本问题，例如：家庭幸福是否可能实现？性爱能带来幸福吗？

和孩子们在列文的庄园待了一整个夏天后，多莉·奥布隆斯卡娅骑马穿过俄国乡村的田野，去看望安娜·卡列尼娜，后者如今住在情人弗朗斯基家，且育有一女。在路途中，多莉陷入了对于追求幸福的沉思。在小说的开头，安娜说服多莉留下来与多莉花心的丈夫（也是安娜的哥哥）斯蒂瓦共同生活。然而，现在多莉开始质问自己：为了孩子，她承担了太多劳累、焦虑和痛苦，这一切是否值得？此刻，没有孩子在身边，她感觉似乎刚"从监狱被释放"，甚至想着自己也来一段婚外情。上帝在我们内心种下了"生活"的欲望，那么她——多莉又怎能谴责安娜和弗朗斯基共同追求幸福呢？但是，当看到安娜沉溺于性爱、采取避孕措施、对幼女漠不关心时，多莉退缩了，不管高兴与否，她都想回到自己孩子身边。

正如许多读者注意到的那样，托尔斯泰把小说开头富有爱心的安娜变成了一个性瘾者，最后"将她推至火车轮下"。他遵循了诸如福楼拜《包法利夫人》之类的通奸小说的模式，将通奸的女人定为死罪。但是，《安娜·卡列尼娜》和《包法利夫人》之间的区别在于，正如马修·阿诺德指出的，托尔斯泰赋予安娜"宝贵的同情心、温柔和洞察力"，而福楼拜笔下的艾玛并无这些特质。即便在艾玛临终时，福楼拜对她的描写也是冷酷无情、极尽嘲讽之能事：当牧师进行最后的仪式时，艾玛瞥见了一尊耶稣受难像，她"把嘴唇紧紧贴在耶稣的身体上，并在垂死之际全力献上了她一生中最炙热的一个吻"。相比之下，安娜在绝望时表现出了同情心、温柔和洞察力，准备卧轨时，她放下自己的红色手提包，回忆起她的少女时代，并画了一个十字，乞求上帝的宽恕，试图拯救自己，但为时已晚，火车已经压过了她的身体。在福楼拜的描写中，艾玛对"耶稣的身体"报以"最炙热的一个吻"实属夸张,而在安娜祈求"主啊,原谅我所做的一切"时,托尔斯泰却道出了安娜的悔恨。

托尔斯泰一边描述安娜和弗朗斯基的通奸激情,另一边描绘吉娣和列文婚姻中的浓郁爱意,后者在小说中显得格外纯洁。然而,托尔斯泰也通过他们的关系来思考自己的困惑,例如两个人之间的爱和亲密是否真实存在,以及在这个世界上,人是否永远孤独。虽然列文在第一次求婚时被拒绝,但在第二次求婚时,他和吉娣之间拥有了心灵感应沟通能力,仅需拼出单词的首字母便能让对方理解自己的意图。这暗示了两人之间有某种神秘联系。

在婚礼上,列文注视着吉娣,满心欣喜。他想知道她在想什么,并觉得她此刻的感受肯定和他一致。然而托尔斯泰明确指出列文错了,实际上,列文并不了解吉娣的想法。尽管此时他们已互相爱慕,但托尔斯泰提醒我们,他们之间仍然存在巨大的鸿沟。即使纯爱如吉娣和列文,也无法摆脱托尔斯泰笔下人物的孤独宿命(见图3)。

在描绘这场婚礼时,托尔斯泰还融入了其他人对爱和婚姻的观点。教堂里一些旁观的女性在欣赏新娘的同时,说她像"一只衣冠整齐的待宰羔羊!"她们还说,无论别

图3 《安娜·卡列尼娜》中吉娣和列文在婚礼上(尤里·皮门诺夫绘)

人怎么说,她们都为这位"姐妹"感到难过。同时,看到婚礼仪式中的吉娣,她的姐姐多莉想起了自己当初在这样的庄严场合下所感受到的"爱、希望和恐惧",也想起了"所有女人"的爱、希望和恐惧。尤其是她想起了"她亲爱的安娜","曾经也像吉娣一样站在那里,头戴橙花,披白纱,圣洁如斯。可现在呢?"多莉陷入了沉思。托尔斯泰通过这些描写使婚礼的欢乐大打折扣。

蜜月即将结束之际,列文目睹了弟弟尼古拉的离世。幸好妻子一直在身边,他感到"即便有死亡,人也需要生活和爱"。医生诊断出吉娣怀孕了,而这位医生和当初照顾垂死弟弟的是同一个人。在吉娣怀孕期间,列文领略了"一种新奇的亲密关系——与所爱之人无须肉体交融,却能纵享极致愉悦"。托尔斯泰在暗示,他们的爱或许是尘世间最纯洁之爱。

然而,看到他们的访客(吉娣的远房堂兄)似乎在与吉娣调情后,列文陷入了嫉妒的旋涡。于是一场场紧张又含泪的场景上演,吉娣在某一刻"明白了列文的嫉妒来自对她深沉的爱,她的心灵深处被打动了",于是二人和好如初。列文把吉娣的堂兄从庄园中赶走,这对夫妇似乎已经适应了幸福的家庭生活。然而,当他们在莫斯科等待孩子出生时，列文在那里初次遇见了安娜。此时安娜虽明面上是卡列宁的妻子，但已经与弗朗斯基同居。回家以后，吉娣确信"讨厌的女人"安娜已经"迷住"了她的丈夫——从他的眼睛里就能看出来。这场危机初露端倪，吉娣便分娩了。对于列文来说，成为一名父亲只会让他"意识到自己另一方面的软弱无能"。直至小说接近尾声，他才对儿子萌生了父爱。

然而，尽管家庭之爱贵如珍宝，也不能满足列文的需求。连列文这样一位有爱的丈夫也无法安于家庭生活，《安娜·卡列尼娜》借此阐释了托尔斯泰在《忏悔录》中直接揭示的真相：婚姻和家庭生活只是一种消遣，它们把人们的注意力从直面死亡这一残酷现实、追求生命的意义及内心对上帝的渴求方面转移了。在《安娜·卡列尼娜》故事的最后一天，列文从绝望和怀疑走向肯定，确信他可以赋予自己的生命以意义和良善。然而，列文同时承认："我灵魂的至圣之所与他人之间还是存在同样的隔阂，哪怕那个人是我的妻子。"因此，列文和安娜这两个截然不同的角色在小说的结尾都单独站在上帝面前，他们的灵魂充满渴望，这是性和家庭之爱无法满足的。

《克莱采奏鸣曲》中的性丑闻

托尔斯泰的中篇小说《克莱采奏鸣曲》于1889年[①]面世。小说中,男主角波兹德内歇夫怀疑妻子与同台演奏贝多芬奏鸣曲的小提琴手通奸,他在妒火中烧下谋杀了妻子。波兹德内歇夫辩解道,贝多芬的音乐在某种程度上应该受到谴责:它使演奏者和聆听者陷入疯狂,类似于托尔斯泰后来所说的"糟糕的艺术"。但是,在招供自己受贝多芬音乐的影响而犯下谋杀罪时,波兹德内歇夫开始义愤填膺地指控性爱,表示他行凶杀人,缘由可归结于他、妻子及其他同阶层人士所处的环境:纵情欢爱。

《克莱采奏鸣曲》关于婚内与婚外的性的坦率言论令人震惊,各方权威反响热烈:俄国审查机构最初禁止该书出版,而美国邮政局将邮寄此书视为违法行为。最终,沙皇出面干预,允许该书收录于托尔斯泰文集并出版,美国禁令亦解除。在英格兰,有人批评该作,认为托尔斯泰如果了解"盎格鲁-撒克逊式高尚的爱情观,即灵魂与身体同频共振,合二为一,以缔结良缘",他对性的谴责或许

[①] 该书原稿为1889年写成,但也有说法指出《克莱采奏鸣曲》发表于1891年。——编者注

不会如此极端。

《克莱采奏鸣曲》在俄国读者中也引起了热烈反响,引发了对性道德的反思和辩论。例如,契诃夫虽然批评了小说对女性性欲的描绘,却认为它"十分发人深省":"当我阅读时,我几乎忍不住要惊叹'这是真的'或者'这太荒唐了'。"在鲍里斯·帕斯捷尔纳克的小说《日瓦戈医生》(1957)中,《克莱采奏鸣曲》对日瓦戈及其朋友们在20世纪初成人后的情感教育至关重要,这在一定程度上促使了他们"狂热地宣扬贞洁"。阅读托尔斯泰的作品能让他们以新的、充满内疚的眼光审视社会中的浪漫爱情。

性集市和家庭纷争

波兹德内歇夫谈到他在谋杀事件之前的性经历时,认为这是当时社会环境中男人的典型行为,他称自己只是在做周围所有人都纵容且认为必要的事情。根据波兹德内歇夫的叙述,他的经历与托尔斯泰自己的性生活和《安娜·卡列尼娜》中列文的经历有共同之处。受同龄人的影响,波兹德内歇夫迈出了第一步,与一位妓女发生了关系。在那之后,他经历了一段放荡的时期——肆意与女人发生性关系，而无任何道德责任感。像托尔斯泰和列文一样，波兹德内歇夫也以日记的形式记录了自己的性经历，并在婚礼前把日记给了新娘。

波兹德内歇夫在独白中，对托尔斯泰早期作品中有关求爱、性、婚姻和家庭生活的隐晦见解做出了一系列合乎逻辑的（或者说是荒谬的）定论。波兹德内歇夫怒斥母亲们教导女儿们穿上性感的诱人衣饰的做法，他声称，当初他们在月夜去划船时，如果他的妻子没穿紧身套头衫，他永远不会爱上她。波兹德内歇夫的话让人对《战争与和平》中娜塔莎·罗斯托娃的动机产生了怀疑——当时她在彼得堡的舞会上，压抑着与生俱来的羞耻感，第一次穿着露出脖子和双臂的晚礼服，吸引了她未来的未婚夫安德烈·博尔孔斯基。

波兹德内歇夫认为，在当时的社会环境下，求爱行为就好比逛集市，皆不过是在教导那些恨嫁的年轻女孩子，这种观点让人想起了《安娜·卡列尼娜》中吉娣的经历。在拒绝了列文却被弗朗斯基抛弃后，吉娣感到自己的生活毫无意义。但当她在新朋友瓦莲卡身上找到"她苦苦追求的东西：对生活的兴趣、处世的美德，以及对女人的不同态度。当时社会主导的男女关系让吉娣十分厌恶，让她觉得自己好像是恬不知耻、招摇过市、期待买主的商品"时，她感到欣喜若狂。波兹德内歇夫的言辞固然低俗，却只是把少女吉娣的心中所感说了出来而已。

托尔斯泰在《克莱采奏鸣曲》的"后记"中阐明了他对波兹德内歇夫所陈述问题的立场。托尔斯泰认为贞洁是一种理想，值得追求，即使是在婚姻中也是如此。他认同波兹德内歇夫的很多观点，譬如他也认为，他所在的社会吹捧性行为，为淫荡正名，欺骗人们相信性是必要且可取的。作家和艺术家乃是同谋。正因"坠入爱河"被吹捧为最高的（也是最具诗意的）人类追求，人们把大量的生命浪费在"不仅无用而且有害"的活动上。托尔斯泰认为，浪漫的爱情、婚姻和家庭生活限制了人们爱上帝、爱邻居的能力。

波兹德内歇夫对于父母角色的看法尤其悲观。在托尔斯泰的早期小说中，孩子有时会给父母带来喜悦，但波兹德内歇夫却对此只字未提。波兹德内歇夫口中的孩子们"毒害"了他们父母的生活，成为夫妻争吵的新由头，甚至成为夫妻在纷争中使用的"武器"。夫妻双方在孩子们中有各自的"宠儿"和"盟友"，但由于两者之间"持续不断的战争"，他们压根儿就不会关注孩子们的需求。

托尔斯泰的早期小说中也有类似波兹德内歇夫一家家庭失和的迹象。在《战争与和平》的后记中，在发生一场口角后，尼古拉又因被玛丽亚和儿子从小憩中吵醒而有些恼火，但当他那位"宝贝"女儿进来并爬到他身上时，他却毫不介意。在《安娜·卡列尼娜》的开篇，多莉和斯蒂瓦夫妻俩因斯蒂瓦与女家庭教师通奸而发生争吵，斯蒂瓦向他"最疼爱的"女儿塔尼娅递巧克力，但塔尼娅却立即问巧克力是否有她哥哥的一份，似乎是为了纠正父亲的不公和偏爱。表面幸福的家庭也会经历波兹德内歇夫所描述的种种失谐，这使得他的故事更加令人不安。那么，如何避免事态升级呢？

克服激情

波兹德内歇夫讲述他谋杀妻子的经过，与其说是招供，不如说是对他所在的淫乱世界的控诉。在这样的世界中，其他人就算没犯下这类死罪，也犯有淫乱罪。不过，有那么一刻，他似乎意识到自己行为的严重性。当时，他的妻子被他用大马士革匕首刺伤，躺在床上奄奄一息，他被带到她的床边，而他们的孩子站在门口。看着她"青一块紫一块的、变形的脸……有生以来第一次，我忘记了自我、权利和自尊，第一次发现她也是个人"。波兹德内歇夫承认他曾把她物化。他如此迷恋性，以至于从未真正把她看作一个独立的个体。在描述这个场景时，托尔斯泰让波兹德内歇夫说："在她身上，我看到了我的亲生姐妹。"虽然这里的"姐妹"并不一定是字面意义上的，但托尔斯泰在提倡贞洁的论述中多次强调，每一个女性都应该被看作你的亲生姐妹。难道你愿意把这样龌龊的行为加诸你自己的姐妹身上吗？

波兹德内歇夫的这种转变在托尔斯泰小说的其他人物身上也有所体现，只不过没有如此极端。只有当死亡逼近或新生命诞生时，性才会居于次要位置，男女才会真正看到彼此的人性。因此，当安娜产下私生子后，子宫感染，卡列宁和弗朗斯基却彼此宽恕，达成和解。等她康复后，两个男子的欲望回来了，随之而来的又是嫉妒、敌意和自负。但在这段时间，因为死亡近在眼前，他们把彼此视为人，相亲相爱，相互宽恕（见本书第四章中有关《安娜·卡列尼娜》中的死兆一节）。同样，在《战争与和平》中，安德烈·博尔孔斯基一直不能原谅情敌阿纳托尔·库拉金（他一度想在决斗中杀死他）。但在博罗季诺战役中，安德烈身受重伤，命悬一线，与刚做完截肢手术的阿纳托尔并排躺在同一家战地医院里。这时，安德烈原谅了他，不再将其看作"敌人"，第一次把他当作一个人，将他视为自己的兄弟。

在托尔斯泰笔下，克服性激情和性嫉妒并非易事。没有截断的下肢、刺伤的胸部或感染的子宫，似乎就不可能有爱和宽恕。在他的后期著作中，这种模式得以延续，并且越发形象化：在《谢尔基神父》中，主人公用斧头砍掉自己的手指，以克服欲望；而《魔鬼》的引言则摘自《马太福音》5：29，即耶稣教导说："宁可失去百体中的一体，不叫全身丢在地狱里。"

从性罪恶感到责任与复活

在生命的最后一年里，当会见他的朋友兼传记作者时，托尔斯泰说不希望他"只写令人愉悦的事情"，因为这样会使传记"不真实、不完整"。传记作家也应该"提及坏事"，其中就包括托尔斯泰青年时期的两次经历，它们在晚年给他带来了"特殊的折磨"。其一是托尔斯泰与当地农妇阿克辛尼娅·巴兹基娜发生了关系，后者在 1860 年生下了他的儿子；其二是他对姑姑的侍女犯下的"罪行"："她是无辜的，我勾引了她，她被赶走了，也被毁了。"

尽管在晚年所写的小说中，托尔斯泰探讨了自己过去在性方面越轨的罪恶感，但在他的主要小说中，他只是间接或偶然地提及了主人与女农奴、女仆或农妇发生性关系的问题。例如，在《战争与和平》中，罗斯托夫家族的远房表亲"叔叔"和一个农妇开心地过起了同居生活。在《安娜·卡列尼娜》中，列文一度认真考虑要娶一个农妇，但接着意识到他爱的是吉娣。

托尔斯泰晚年所著小说《复活》的主题就是勾引女仆"犯罪"后产生的性罪恶感。俄国绅士德米特里·聂赫留朵夫作为陪审团成员，将对一名被控毒杀嫖客的妓女做出判决。在审理过程中，聂赫留朵夫认出那个妓女就是他在年轻时勾引并致其怀孕而后抛弃的女仆卡特雅。在试图补偿这位年轻女子的过程中，托尔斯泰笔下的这位主角目睹了俄国刑罚制度的弊病，无论是法庭、监狱车队还是西伯利亚的恶劣环境，都让他大为震惊。就在他认为可以弥补卡特雅时，他开始意识到，自己对所有囚犯的苦难都负有责任。整个社会秩序——从卧室到监狱——都腐烂了，而他也在其中起了一定作用。

于是，聂赫留朵夫开始厌恶人人都期待他娶的年轻女子米西，觉得与她的关系"可怕又可耻"。他的性羞耻和性恐惧甚至影响了他对自己已故母亲的感情。当他注视着母亲的画像，试图唤醒脑中有关母亲的美好记忆时，他注意到画家"特别重视胸部轮廓的勾画、两个乳房之间的留白大小，以及突出肩颈的优美线条"和她"得意的微笑"。

他对他所处的上层社会的性道德不再抱有幻想。在另一个场景中，聂赫留朵夫注意到，他和彼得堡街头一名妓女之间的往事，与他和玛丽之间发生的事，有着惊人的相似之处（玛丽是他的一个老熟人，现在是彼得堡某位要人的妻子，他曾为一名囚犯向她求情）。聂赫留朵夫意识到，玛丽在冲他微笑时，实际上就是在引诱他，"唯一的区别"是那个妓女的身体语言"直截了当"："想要我，就带我走；不想要，请自行离开。"而玛丽则假装她没这样想，故作高尚——尽管二者在本质上是一码事。《复活》以其对性的强烈焦虑颠覆了传统的爱情小说，真实记录了对传统小说主题——浪漫爱情、性和家庭生活的幻灭。

底层民众的爱情、求偶和婚姻

托尔斯泰有段时期严重怀疑自己的生活和写作方式。1884 年,他在日记中写道,他曾试图写一部以农民生活和底层习俗为主题的小说,但一直未能写成。他得出结论,这是因为农民无法经历小说读者所期望看到的浪漫爱情。于是,托尔斯泰认为短篇小说更适合描述农民生活。

《破罐子阿廖沙》是托尔斯泰为底层人物创作的一部上乘作品,其中的爱情故事基于农民的生活,谈不上浪漫。故事的主人公阿廖沙一直默默承受着生活的艰辛,在一位商人家做用人,工钱却被父亲收入囊中。有一天,阿廖沙得知主人家中的女佣乌斯蒂娜"同情"他,之后两人感情加深,并计划结婚。然而,商人夫妇担心乌斯蒂娜怀孕后无法工作,于是反对他俩结婚。得知此事后,阿廖沙的父亲阻止了这门婚事,而阿廖沙则屈从了父亲的意愿,结束了这段恋情。不久之后,在大斋节期间,阿廖沙在清理积雪时从屋顶上摔了下来,临死前,他感谢乌斯蒂娜的怜悯,并说"他们不让我们结婚也好,本来也没什么意义,现在一切都好了",然后就死了。

与传统爱情故事中浪漫的主人公不同,阿廖沙屈从了他的父亲和雇主的意愿。托尔斯泰无意打造一个农民版的罗密欧与朱丽叶式的悲剧爱情故事,它也不是喜剧,没有年轻恋人摆脱父母的控制或克服其他障碍的情节。在这个俄国底层的爱情故事中,托尔斯泰塑造了一种新的主角形象。阿廖沙没有屈服于自私的性欲,他谦卑、大度又富有同情心。在托尔斯泰的小说中,阿廖沙的爱可能是最真实的爱了。这个爱情故事也许会让人大失所望,但当阿廖沙对他的爱人说出最后一句话"现在一切都好了"时,意味着在他看来,他的爱情是"皆大欢喜的"。虽然这个结局可能会让读者不安,但它却反映了托尔斯泰晚年小说的主题,即性爱并不能给人带来幸福。

在托尔斯泰的许多小说中,浪漫爱情或家庭幸福,不管结局如何,都是大多数人奋斗的目标(同时也可能是他的读者想要看到的)。在他早年所著的《童年》《少年》《青年》,晚年所著的《克莱采奏鸣曲》和《谢尔盖神父》,以及他的最后一部小说《复活》中,托尔斯泰展现了他对于性爱和婚姻的悲观态度。在《战争与和平》和《安娜·卡列尼娜》中,他歌颂了爱情和婚姻,但同时也展示了家庭幸福是多么不牢靠。在托尔斯泰的整个创作生涯中,他笔下的爱情故事总是一波三折。而在《破罐子阿廖沙》

中，他将之升华了。阿廖沙使人想起《童年》中的娜塔莉亚·萨维什娜和圣愚格里沙,这三个底层出身的主角承载了托尔斯泰的期待,而且这份期待将随着情节的展开变得越发强烈——他认为,唯有无私爱他人和虔诚信上帝,方能获得永恒的幸福。

第四章

死亡

死荫的幽谷中的托尔斯泰

从幼年起,托尔斯泰就发现,死亡如影随形,一直存在于自己的生活中。母亲去世时,他还不到两岁,正如他所说,"他当时甚至还不会叫妈妈"。父亲突然离世时,他还不到9岁。而年轻的托尔斯泰在战场上不仅目睹了死亡,还亲手夺去了别人的生命。1856年,哥哥德米特里因肺结核去世,当时托尔斯泰不到30岁;就在4年后,长兄尼古拉(蚂蚁兄弟游戏的主导者)也死于肺结核。19世纪70年代,在托尔斯泰创作《安娜·卡列尼娜》期间,曾照顾他及兄弟姐妹的两个姑姑相继去世,随后是他自己的3个孩子去世。到他1910年去世之时,还有3个孩子也先他而去。

托尔斯泰自己曾多次与死亡擦肩而过——在车臣的一次突袭中,在塞瓦斯托波尔的防空洞里,以及一次猎熊行动中——但即便在身体安好时,他也时常对死亡感到焦虑。1869年,在阿尔扎马斯的一家旅馆房间里,这种焦虑突然压倒了他。这成了《疯子笔记》(在他去世后出版)探讨的主题。在他完成《安娜·卡列尼娜》时,对死亡的恐惧让他身陷另一场危机。正如他在《忏悔录》中所说,他惊恐万分地意识到自己的生命到最后什么也不会留下,除了"恶臭和蠕虫"。"我的生命有没有什么意义,就连不可避免的死亡也不能将之夺去?"这个问题一直困扰着他。托尔斯泰在写作中表达了自己对死亡和濒死的关注。

在写作生涯早期,托尔斯泰在《五月的塞瓦斯托波尔》中先是揭示几个月来"死亡的幽灵一直盘旋"在这座城市的上空,然后描述了在这种极端情况下,被围困之城的生活百态。但是,无论是描写战争区、乡村风景、贫民窟还是家庭场景,托尔斯泰的作品都是以"死荫的幽谷"为背景的。作为一名作家,托尔斯泰的使命之一是提醒读者人必有一死——先接受这个事实，而后思考如何去爱和生活。

《童年》中的死亡与丧母之童

死亡与濒死从一开始就是托尔斯泰小说的焦点。他的第一部出版作品《童年》，要不是在最后写到主人公母亲的去世，几乎没什么情节可言（根据早期评论家的说法）。在小说的开头，10岁的尼古拉·伊尔特涅夫编造了一个关于母亲去世的梦。当时尼古拉正在哭泣，因不想承认其哭泣是为某件微不足道的事，尼古拉声称他梦见自己心爱的母亲去世了。思绪闪回，尼古拉还是一个蹒跚学步的孩子，那时候的日子似乎更加幸福——小尼古拉坐在高脚椅上喝甜牛奶，身旁只有母亲，母亲问他，她去世以后，他是否还会记得她。在某种程度上，是母亲自己在尼古拉心中播下了这个虽由他捏造但却有预兆的梦境的种子。尼古拉的童年远非无忧无虑，而是一直笼罩在死亡的阴霾之下。

《童年》中有两章的主角是圣愚格里沙，他就是活生生的警铃，提醒人们死亡和末日将至。尼古拉的母亲欢迎他来到家中，并回忆起他之前曾预言了她父亲的死期。格里沙喃喃自语着"亲人们飞走了",这不仅让人想到年轻人离开巢穴,还会让人想到人死之时灵魂离开躯体。格里沙还戴着铁链,以提醒自己(以及所有听到铁链叮当作响的人)生命无常,死亡将至。

在母亲的葬礼上,尼古拉观察着身边的每一个人。第一人称的叙事方式捕捉到这个孩子是如何首次理解死亡的。他看到葬礼上那些大人急着叫他孤儿,神父机械地祈祷,父亲表演性地哀悼。但是,在托尔斯泰看来,这些称谓、仪式和习俗不过是社会用以掩饰死亡的伎俩,它们对于这个失去母亲的小孩毫无意义。没有什么是真实的,直到一位农家女孩随着大人前来悼念,被尸体的样子和气味吓到了,忍不住尖叫起来,而尼古拉也随她一起尖叫起来。相比大人们想将死亡体面化的企图,孩子们自发的反应更为真实。

尼古拉的母亲在《童年》结尾去世的影响贯穿于其续篇《少年》和《青年》。即使尼古拉试图追随他父亲和哥哥的脚步,适应男性行为规范并茁壮成长,他仍然无法接受母亲的缺席或坦然面对母亲的遗物。他仍将自己看作一个丧母之童。

在托尔斯泰笔下,尼古拉是第一个在青少年时期就失去母亲的人物，后来，诸如《战争与和平》中的皮埃尔、安德烈和玛丽亚，《安娜·卡列尼娜》中的列文和他的兄弟、安娜和斯蒂瓦，也是同样的命运。甚至在小说《一匹马的身世》(1886)中，托尔斯泰也赋予了那匹花斑骟马因失去它的母亲而感到悲伤的意识。由于失去母亲，这些角色往往难以适应世界运转的方式，内心不得片刻安宁。

《战争与和平》中前线与后方的死亡

在《战争与和平》中，托尔斯泰不仅描述了在战场上的死亡（或濒死）、死于枪毙、被受政治领袖煽动的暴徒杀害、在军队医院中死去等，也描绘了分娩死亡、堕胎手术失败而亡，以及老死的场景。他还描写了男人们决斗的场面，这种行为如果导致死亡，将会被视为"谋杀"。在小说中，托尔斯泰对死亡的态度，可以通过罗斯托夫家族的命名日庆典来概括。当罗斯托夫伯爵宣布他的儿子尼古拉即将上战场时，一位访客回应道，她有4个儿子在部队服役，但她并不担忧："一切全凭上帝的旨意，安卧睡榻也会死，身处战场亦能生。"

在小说中，安德烈·博尔孔斯基差点儿命丧奥斯特里茨战役（托尔斯泰原本打算让他在此处丧命，但改变了主意）。安德烈受伤倒地后，觉得自己之前在意的一切都不过是浮云。巧合的是，拿破仑亲自视察伤亡情况，并宣布安德烈"死得其所"，此时，这个他心目中曾经的英雄一下子变得无足轻重，安德烈甚至觉得拿破仑只是"一只嗡嗡作响的苍蝇"。安德烈曾以拿破仑为榜样，渴求现世的荣耀和成功，曾为了这个梦想抛下怀孕的妻子去参战，但现在，这一切都变得微不足道。安德烈凝视着妹妹送给他的耶稣像，告诉自己这将保护他"不受自己心意的干扰"。他希望自己能说："主啊，怜悯我……"但出于内心的骄傲，他没能做到如此谦卑。不过，这次命悬一线的经历还是让安德烈懂得了哪些是真正重要的，哪些不值一提。

安德烈从战俘营逃脱，在妻子丽莎临盆之际回到家族庄园。见到妻子时，他的心变得柔软了，他亲切地问候她，并说了"上帝待我不薄……"这句话，当初在奥斯特里茨，他曾希望自己说出口，但却无法说出口。然而，丽莎死于难产。她死后的表情似乎在说："我爱你们所有人，从未伤害任何人。为什么要如此待我？"托尔斯泰安排这个场景，仿佛是要证实早在罗斯托夫家族命名日典礼上引用的谚语：身处战场亦能生，安卧睡榻也会死。

临终前安德烈的爱与原谅

后来，安德烈在博罗季诺战役中受伤，找到了在奥斯特里茨未能找到的信仰。对于妹妹当初赠予他的耶稣像里所蕴含的爱，安德烈现在能够欣然接受了："上帝在人间宣扬的、玛丽亚教给我的、之前我不理解的那种爱，我悟了。"这时，他原谅了原先的对手阿纳托尔·库拉金，并"为同胞、为自己，以及为自己和他们犯下的错误而热泪盈眶"。当在"命运"（如他所说）的安排下，他与前未婚妻娜塔莎重逢后，也原谅了后者解除婚约的行为。性情骄傲的安德烈只有在临终之际才得以过上像妹妹玛丽亚那样虔诚的生活。

临终之际，安德烈一开始试图思考生、死、爱和上帝，希望能想出个子丑寅卯来。但那时他已说不出话，只能发出"嘀嘀、嘀嘀"或"嘀、嘀"这样有节奏的低语声。尽管娜塔莎、玛丽亚守护床前，儿子也前来探望，但在他临终的几周里，安德烈对有血有肉的人不再有爱意。他所感受到的爱是超然的（见图4），类似于《福音书》中所宣扬的爱，大意是"爱是上帝，死意味着我，一颗爱的粒子，将回到一般而永恒的源头"。然后，他将死亡视为一种可怕的东西，它站在门后或别处，随时准备扑过来。接着，他感觉到一层"面纱""从他的精神视野前"揭开。最终，他将死亡视为"从睡眠中觉醒"和"从生命中觉醒"。只留下娜塔莎发问："他去哪里了？他现在在哪里……"

图 4 娜塔莎在安德烈的病床前，莱昂尼德·帕斯特纳克作

读完托尔斯泰描述临死之人对死亡的感受，评论家和读者们都惊叹不已，毕竟，活着的人没法儿知道死亡的感觉。"托尔斯泰怎么能知道？"他同时代的人问道。评论家米哈伊尔·巴赫金称托尔斯泰"热衷于"描写死亡。但是，托尔斯泰对生活在死亡阴影下的生命的描述不止于此，

描述死亡本身只是其中的高潮部分。

罗斯托夫家庭成员的死亡

在《战争与和平》中,罗斯托夫一家经历了各种形式的死亡,死去的家庭成员年龄各异。当小说中的罗斯托夫伯爵夫人出场时,托尔斯泰提到她"显然因为生育而身心俱疲——她一共生了12个孩子"。在1805年这个时间点上,她只有4个孩子还活着:薇拉、尼古拉、娜塔莎和彼得亚。读者可以算出,另外8个孩子肯定是在婴幼儿或童年时期便夭折了。但托尔斯泰没有多说什么。罗斯托夫一家经历了胎死腹中、年幼夭折、战死沙场等各种形式的死亡,生命之脆弱在这个家庭体现得淋漓尽致。

正因如此,当少年彼得亚心怀爱国热情和对沙皇的崇敬想要参军时,他的父母更为焦灼了。起初,他们拒绝了他的请求,但彼得亚威胁说他要离家远走,他的父亲最终屈服了,试图给他安排到"某个不那么危险的地方"。但当彼得亚被他的团长派去给游击队送信时,他加入了游击队的行动,并被杀了。

在描述彼得亚·罗斯托夫的死亡和他母亲的悲伤时,

托尔斯泰所刻画的情境和心境让人想起荷马和维吉尔的史诗——在歌颂战争胜利的故事中也带有对生命逝去的遗憾。如托尔斯泰的这部史诗级巨著所示，纵然1812年俄国取得了这场战争的胜利，从彼得亚·罗斯托夫的死亡中，我们也可以看出托尔斯泰当时就反对为国捐躯无上荣耀的古老谎言，这一立场在其晚年变得越发坚定。

彼得亚的死亡摧毁了他的父母。在《战争与和平》的结尾，托尔斯泰写到罗斯托夫伯爵在1812年去世，"过去一年中……一个接一个的打击……像一记记重拳落在老伯爵的头上"，彼得亚的死便是其中一个，它把老伯爵往鬼门关又推近了一步。彼得亚的母亲强打精神，这在一定程度上要归功于娜塔莎，她一直在为安德烈哀悼，现在却要安慰她那悲痛的母亲。然而在小说的最后，1820年，罗斯托夫伯爵夫人虽然还活着，但状态极差，托尔斯泰对她的描写极其冷酷："她吃或喝，睡着或是清醒，就是没有活着……她不想从生活中得到任何东西，只想要平静，而这种平静只有死亡才能带来。"在长期行尸走肉一般的生活中，她特别容易发怒，但是所有爱她的人交换着眼神，彼此会意，仿佛在说："这个人虽然现在那么可悲，但她从前是那么亲切，像我们一样充满生机，所以现在我们应当忍耐，且因此感到喜悦。*Memento mori.*（请记住你也将死去。）"在同情这位濒死的伯爵夫人时，罗斯托夫家族剩下的人似乎已经学会在死亡的阴霾下生活（见下框）。

> *Memento mori.* 铭记死亡！这是一句伟大的格言。如果我们能够记住自己必将死去，而且不会等太久，那么我们的整个人生都将截然不同。如果有人知道自己将在半小时之内死去，那么他肯定不会再做任何毫无意义、愚蠢，尤其是卑劣的事情。虽然，也许你离死亡还有半个世纪，但这与半小时何异？
>
> ——列夫·托尔斯泰，《生活之路》，1909 年

《安娜·卡列尼娜》中的 *Memento mori.*

《安娜·卡列尼娜》是一部以小说形式呈现的死亡启示。小说中，安娜刚抵达莫斯科，就看到一个陌生人死在铁轨上（是自杀还是意外？），自那以后，这一幕便反复

出现在安娜的梦中；多莉为夭折的幼子哀悼；在小说的最后一节，列文把绳子和猎枪藏起来，以免自己想不开要自杀。托尔斯泰设置这些情节，使得本应只是一部描写通奸和家庭生活的小说多了对死亡的思考。

在《作家日记》中，陀思妥耶夫斯基曾表示，一开始读《安娜·卡列尼娜》，他觉得平平无奇，但当他读到"女主死亡的场景"时，感觉全变了。陀思妥耶夫斯基所指并非安娜卧轨死亡，而是小说中间部分，安娜在为情人弗朗斯基生下孩子后差点儿丧命的那个场景。当时，弗朗斯基和安娜的丈夫卡列宁都守在她的床前。陀思妥耶夫斯基称赞托尔斯泰揭示了"一个伟大而永恒的真理"。他说："只因死亡这个自然规律，这些本来微不足道、渺小且虚伪的生物忽然变得有血有肉、诚实率真，终于能成为人了。他们的伪装消失了，唯真理永存。"正如陀思妥耶夫斯基所说，即使是被他视为"身穿制服的种马"的弗朗斯基，在死荫的幽谷的笼罩下也彻底变成了人。

患上产后发热（医生说"死亡率达99%"）后，安娜请卡列宁宽恕她，并要他握住弗朗斯基的手，原谅他。卡列宁整个人被"爱和饶恕的幸福"包围，哭得"像个孩子"。正如英国评论家马修·阿诺德（最早评论《安娜·卡列尼娜》的评论家之一）所说的那样，如果这本书像"一般的小说"一样，也就是按照维多利亚时代读者熟知的那种小说来写，故事将在这里结束。但正如"现实生活中的故事并不总是这样结束"，在托尔斯泰的小说中，故事也将继续。

当初安娜命悬一线之际，托尔斯泰认为，一切世俗制度和价值观都已不再重要，她、卡列宁和弗朗斯基却感受到了爱与宽恕，而如今安娜奇迹般地从死神手中逃脱，生活得以继续，这时，之前感受到的爱和宽恕还会存在吗？康复后的安娜对弗朗斯基的激情回来了。同时，卡列宁屈从于托尔斯泰口中那种统治一切生命的"原始力量"，觉得自己有必要按照社会对"被绿"男人的期望行事，至于当初安娜生命岌岌可危时自己内心的感受，则应被抛于脑后。

然而，弗朗斯基似乎没有变回"身穿制服的种马"。种种迹象表明，他现在更具有人性，他能意识到自己生命有限，并且害怕不留痕迹地死去。不过，他关注的不是灵魂的不朽，而是以更有形的形式实现不朽：有次从意大利回来，他为当地农民建了一家医院，安娜曾心领神会，向多莉暗示道："这是他要在这里留下的纪念碑。"现在他想让安娜离婚，这样他们就可以结婚了。弗朗斯基知道只有这样，未来的孩子才会沿用他的名字，并延续弗朗斯基家族的血脉。

安娜从产后发热中康复后,重拾了对弗朗斯基的激情。起初,他俩在意大利的时候,她感到很幸福。然而,回到俄国后,她越来越痛苦,因为她与儿子谢尔盖分开了,后者的监护人是卡列宁,还因为她也见不到其他亲人。她渴望在她濒死时所体验到的那种爱和宽恕,但她再也无法感受到了。她感到空虚,于是绝望地想用性爱、吗啡和其他消遣来填补空虚,她说:"这一切都是自我麻醉,都是吗啡,只不过名字不一样罢了。"

托尔斯泰在自己的精神危机中努力创作《安娜·卡列尼娜》时,受到了17世纪宗教思想家布莱士·帕斯卡的启发。在《思想录》中,帕斯卡写道,所有的凡人都会因拥抱上帝而得到幸福的暗示;当世人背弃上帝时,他们会感到自己面对着一道"无底深渊",他们试图填补这道深渊,但发现所有的世俗追求最终只是空虚。唯有信仰才能填补这道深渊,并使他们快乐。对于安娜来说也是如此。因此,托尔斯泰借描写安娜最后一系列举动——从她走上火车轨道到想"避开火车"却没能成功,再到最后乞求上帝的宽恕——暗示安娜对爱、幸福和宽恕的渴望已然形成了一道深渊,除却信仰,别无救赎。

列文和死亡

与此同时,在《安娜·卡列尼娜》的另一条主线中,列文也在面对死亡。在这本书的第三部分,当他垂死的兄弟尼古拉前来探望他时,他也间接体验了死亡。两人进行了一次无言的对话,假如他们开口说出来,会是这样:

列文:"你要死了,你要死了,你要死了!"

尼古拉:"我知道我要死了,但我很害怕、害怕、害怕。"

叙事者告诉我们,假如他们"直率地说出内心所想",这便是他们会说的话。但是,就像托尔斯泰小说里的大多数人一样,他们不会直抒胸臆,因此没有说出"他们的真实所想和所感"。相反,他们讨论起了政治。在死亡来临之际,托尔斯泰将两兄弟隔离开来,这证实了帕斯卡的名言:"人是孤独死去的。"

从此时起,列文开始苦苦思考自己的死亡。在小说第三部分的结尾,列文在火车站遇见了吉娣的一位堂兄,在闲聊中说到感觉自己大限将至。在小说的第四部分,他与好友斯蒂瓦·奥布隆斯基谈论死亡,他说道:"我们的整个世界实际上只是一颗微小星球上形成的一点儿尘埃。"但斯蒂瓦打断了列文,告诉他这种话"老掉牙了",并邀请他参加晚宴,在那里,列文又一次遇到了吉娣。于是列文第二次向吉娣求婚,吉娣答应了。尽管列文对吉蒂的爱是真挚的,但当他在死亡面前寻找生命的意义时,他对她的爱只是他转移注意力的一种方式。

在小说的第五部分,尼古拉濒死的消息传来,两人的蜜月期宣告结束。托尔斯泰根据自己目睹兄弟死于肺结核的经过,在名为"死亡"的一章中描述了尼古拉的死亡。(这一章在《安娜·卡列尼娜》中独树一帜,因为它是唯一有标题的章节。)列文惊叹于吉娣和他家乡的农民保姆一样,懂得"生命是什么,死亡是什么",以及如何"照料濒死的人们"。而这一切都源自女人的信仰。

即使在儿子出生后,死亡的念头仍然困扰着列文。在《安娜·卡列尼娜》的最后一部分,安娜自杀之后,托尔斯泰揭示了列文——一个看起来"幸福、健康的顾家男人"——也曾考虑自杀。在小说中的最后一天,所有的人类活动对列文来说似乎都毫无意义。当农民们辛勤劳作时,列文问道:"这一切有什么意义?""今天或明天,或十年后",他们终将被埋葬,到那时,"人间再也不会有他们存在的印记"。他到处都能看到死亡的阴影,只能痛苦地发问:"这有什么意义?"就算是他钟爱的庄园,其中的人们似乎也符合帕斯卡对人类所处光景的描画，即缺乏对上帝的信仰：就像在一间牢房里，被判死刑的人在无望中等待着行刑。

在表达了这种绝望后，列文遇到了一个农民，他说活着应当"顺从上帝的旨意""为灵魂而活"，而非"仅为填饱肚子"，这些话不知怎的突然唤醒了列文对上帝潜在的信仰。列文曾经在哲学家甚至神学家的作品中寻找答案，以消解对死亡的恐惧，但这无济于事。现在他欣喜地认识到，他应当为上帝而活，并爱他的邻居，他也意识到这些感觉早在他童年时就已不知不觉进入他的内心，并一直指引着他。列文感谢上帝给他这种信仰，"抚平了他内心的感伤"。在这个夏夜，当列文凝视着他头顶的星空时，他得以避开和安娜一样的结局。于他而言，在死亡的阴霾下生活不再毫无意义。

对濒死的伊凡·伊里奇的同情

在《伊凡·伊里奇之死》（1886）中，托尔斯泰的叙述从无情揭露伊凡·伊里奇所处的上层阶级生活的虚荣到得出启示，即在面对死亡时，最重要的是有同情心。故事中,同情心源于一个农民仆人格拉西姆,他充满爱心地照顾着濒死的伊凡·伊里奇。格拉西姆竭尽所能地服侍伊凡·伊里奇,尽量让他感觉舒服些,比如帮他抬腿以减轻疼痛,清理便盆,搀扶他,给他系裤子的扣子。因为正如格拉西姆解释的那样:"我们都得死。那为什么要怕费事呢?"格拉西姆还说:"这是上帝的旨意。"

农民格拉西姆接受死亡,并以这样的心态去生活和关爱别人,而处于上层阶级的伊凡和他的同类却在尽力躲避死亡,当不得不面对自己或他人的死亡时,他们会痛苦不堪。故事开始时,伊凡的公务员同事们很高兴死亡选中的是伊凡,而不是他们,并且在猜测伊凡的死会不会给他们或其他人带来晋升。伊凡的妻子则心心念念理应上涨的抚恤金。伊凡则无法接受死亡会降临到自己的头上,因为他曾是"小凡尼亚",有父母和爱人,经历过童年、少年和青年时期的所有快乐与悲伤——而现在他竟要死了。当他最终接受了自己即将死去的命运时,他陷入了关乎存在的畏惧之中,为自己感到难过,责备其他人和上帝对他冷酷无情,并感到绝望。最后,他开始接受死亡。

相比之下,格拉西姆认识到人难逃一死,我们应当做的就是去爱濒死之人。据托尔斯泰讲述,在生命的最后时刻，伊凡被格拉西姆的同情心感染，也对自己的亲人们产生了同情之心（包括他先前憎恶的妻子）。濒死之际，他感受到了光明和喜悦，并对自己说："死亡结束了……再也没有死亡了。"

列夫·托尔斯泰之死

1910年11月20日，在一个叫阿斯塔波沃的偏远火车站，托尔斯泰因肺炎去世。10月28日那晚，他离开了自己的庄园——他的出生地，也是他与妻子索菲亚及家人一起生活的地方。多年来，托尔斯泰经常扬言要离开他的妻子。1897年，他在一封写给妻子的信中解释道，"印度教徒在60岁时会退隐山林，每一个有宗教信仰的老人都想把生命的最后几年奉献给上帝，而不是给打闹、游戏、闲话和网球"，如今，临近古稀之年的他也渴望安宁和独处。虽然那次他没有离家，但在1910年，他做到了。

除了在信中提到的印度教徒和其他退隐者，还有无家可归的流浪汉、圣愚和朝圣者，托尔斯泰效仿他母亲之前的做法，友善对待这些人。这些人多在托尔斯泰的小说中出现，最早的是《童年》《少年》《青年》中的圣愚与"圣徒"格里沙。在《战争与和平》中，托尔斯泰写道，玛丽亚（以托尔斯泰母亲为原型创作的人物）曾经梦想加入上帝之民，在俄国云游四方。她甚至准备了一捆朝圣者的衣服，只等圣灵召唤之日到来。但她实在丢不下侄子和父亲。不同于玛丽亚，托尔斯泰晚期小说《谢尔盖神父》的主人公因对世俗生活和性感到厌倦，真的出世，来到了一家修道院。然而，发现自己沉浸在备受尊敬的精神领袖的荣耀中，他很沮丧，于是再次出发，成为一位流浪者，最终在西伯利亚过上了简朴的放逐生活，并找到了内心的宁静。

托尔斯泰有家室，并且是公众人物，这就注定了他的逃离计划将以失败告终。在留给妻子的信中，他为离开道歉，表示自己别无选择，并简要解释了自己打算放弃尘世生活，在孤独中度过余生。在拜访住在修道院的妹妹之后，托尔斯泰前往一个未知的地方（有人认为是保加利亚，有人认为是高加索地区）。之后他得了肺炎，在阿斯塔波沃站长的住处躺了几天后便离世了。

多年来，妻子索菲亚与他的追随者之间的敌意一直存在，而成年的子女们或保持中立，或支持一方。在托尔斯泰弥留之际，索菲亚前往阿斯塔波沃，但没能接近他的床边，以免干扰他。尽管托尔斯泰希望在孤独和宁静中度过最后的时光，但他的离世却成为一场公演。与此同时，托尔斯泰记录了生命中最后的日子，但后来他力不从心，于是由其他人（不管认识他还是不认识）接着记录。媒体对此进行了报道，民间还出现了示威活动。

托尔斯泰的遗体被运回了他的庄园，埋葬在他们小时候玩蚂蚁兄弟游戏时哥哥说埋有绿棒的林地里。这一直是托尔斯泰的愿望。他忠于"蚂蚁兄弟"的理想："儿时，我相信有这样一根绿棒，上面写有指引世人涤荡万恶、得享极乐的秘密；现在，我同样坚信上面书写的即是真理，总有一天，它必会昭告天下，世人皆得赐福。"

当他小时候和兄弟姐妹紧紧拥抱在一起时，他们已经隐约知道"死亡天使"正在他们生活的上空盘旋。他们渴望爱，希望再无悲痛。当托尔斯泰思考自己生命的终点，以及他最终的下葬地时，他想回到最初让他萌生这些感想的地方。当托尔斯泰小说中的主人公们在塞瓦斯托波尔的防空洞里、在博罗季诺的战场上、在分娩的阵痛中、在病房里、在田野和树林里，或在火车轨道上面对"死亡天使"时，托尔斯泰也经常赋予他们蚂蚁兄弟的特质：他们想要的，是每个人都去爱、去宽恕。

第五章

托尔斯泰的信仰

年近半百时,托尔斯泰经历了一场"精神危机"。他艰难地完成了《安娜·卡列尼娜》的创作。小说完稿后,在接下来的几年里,托尔斯泰全身心地投入宗教生活。起初,他试图回归俄国正教会,与俄国大众分享信仰。但他很快就对教会的信条、仪式和做法产生了怀疑。因此,托尔斯泰开始自己探索,找出他所认为的耶稣教义中的精髓。对他而言,基督教教义的核心(其他宗教也是如此)是倡导爱他人和爱上帝。托尔斯泰创作了一系列宗教和神学作品,包括1879年至1884年相继问世的《忏悔录》、《教条神学研究》、《四福音书的合编及翻译》、《福音书摘要》和

《我的信仰》(有时被翻译为《我的宗教》)。除此以外,还有约10年后的《天国在你心中》,书中详细阐述了他的"不抵抗邪恶"的信条。

在《安娜·卡列尼娜》完稿之后的几年里,托尔斯泰致力于宗教题材的创作。1883年,俄国作家伊凡·屠格涅夫在去世前曾写信给托尔斯泰,称自己已经"唱完自己的歌",规劝托尔斯泰重归小说创作。后来托尔斯泰时断时续地写了一些小说,其中包括杰作《伊凡·伊里奇之死》(1886)和《哈吉穆拉特》(写于1896—1904年,于1912年出版,见图5),只是屠格涅夫已无缘读到。

尽管如此,小说创作对托尔斯泰的重要性已难与此前相比。在《我的信仰》中,托尔斯泰描述了他的人生观发生了怎样的改变,以至于他已"不再渴望曾经渴望的东西"。成为一位作家,抑或是达到其他形式的世俗成功,似乎不再重要。在他晚年的《什么是艺术?》(1897)一书中,托尔斯泰主张艺术应该面向所有人,倡导人们爱上帝和邻舍。他所认可的小说只有乔治·艾略特、陀思妥耶夫斯基、查尔斯·狄更斯、维克多·雨果和哈丽叶特·比切·斯托夫人的几部作品。托尔斯泰将自己的小说列入了"劣质艺术"的范畴,但其早期作品《高加索俘虏》和

图5 1891年由伊利亚·列宾所绘的工作中的托尔斯泰

《天网恢恢》除外，这两篇作品就是专门为广大读者而写的。

托尔斯泰的宗教文学作品涵盖了各种体裁（小说、故事、寓言、短文、论著、书信）。长期以来，他一直在积极地推动农民教育和扫盲运动，并且撰写系列故事"以飨人民"，也就是俄国的广大民众。与此同时，他越发关注全球读者，不断为他们撰写作品，这是他在文学战线上打破国界、推崇普世兄弟情谊所付出的努力。

摆脱教条和神秘主义的基督教

19世纪70年代晚期，托尔斯泰开始将注意力转向宗教，这看起来似乎是他生命的转折点，托尔斯泰本人也常如是说。但事实上，这个倾向多年前就已有迹可循。从年轻时期起，托尔斯泰就经历了宗教探究和精神向往，这些都被记录在他的日记和信件中。他晚年言明的信仰其实早有预兆，并且多年来在他的小说中得以验证。

1855年，在大斋节的第五周，塞瓦斯托波尔围城战期间，时年27岁的托尔斯泰在他的日记中写道，一场关于上帝的讨论让他有了"一种新宗教"的想法："这种宗教只信奉耶稣,摆脱了一切教条和神秘主义。这是一种实用的宗教,不是许诺未来的幸福,而是让人们在现世中获得幸福。"晚年的托尔斯泰致力于实现这个想法。他在《天国在你心中》里指出,上帝的国度已经准备好在现世中实现,而不是在未来某个未知的世界中实现。这本书的副标题是"基督教并非一种神秘的宗教,而是关乎生命的新概念",这与他"新宗教"的想法——"摆脱一切教条和神秘主义,让其切实可用"——遥相呼应。

正如托尔斯泰后来所说,人们必须在《信经》(阐述基督教义,包括托尔斯泰所反对的奇迹)和《登山宝训》(耶稣教导的精髓,包括不与恶人作对,爱自己的敌人,不要评判)中选择相信其一,"不能同时相信两者"。他选择了《登山宝训》,并以此为信仰基础。

在小说中,托尔斯泰刻画了多名角色参加俄国正教会的礼拜和圣餐时的复杂情感。在《童年》中,尼古拉·伊尔特涅夫在他母亲的追悼会上祈祷,却没有得到丝毫慰藉;在《青年》中,尼古拉对宗教的向往汹涌而出,于是他打算认真对待忏悔圣礼,却发现自己陷入了一个恶性循环——忏悔过后,他为自己的热情感到骄傲,然后不得不回去再次忏悔。像这样的例子还有很多,传统形式下的虔诚在托尔斯泰笔下纷纷幻灭。

托尔斯泰对教堂仪式的批评在他的晚期小说《复活》中达到了高潮，他在其中极力讽刺圣餐礼。对此，他的妻子在日记中写道："我正在为列夫·尼古拉耶维奇抄写修改后的《复活》，他对正教会礼拜的描述刻意带有讽刺色彩。例如：'牧师把耶稣基督被处决的十字架的金边像，而不是绞刑架，伸到人们面前。'他把圣餐称为'杯子里的淡啤酒'。这种诽谤和憎恨，对那些信仰它的人来说是一种粗暴侮辱，我讨厌他这样说。"托尔斯泰曾直言不讳地指出圣餐礼是毫无意义的。

在《安娜·卡列尼娜》中，托尔斯泰在描述吉娣经历宗教觉醒的片段中插入了对俄国正教会所谓虔诚的批判。吉娣开始独自阅读《福音书》，并第一次发现似乎有种宗教能够满足她灵魂的渴求。虔诚包括参加"寡妇之家的礼拜仪式和通宵守夜活动，人们在那里可以见到自己的朋友，并与牧师一起背诵旧教会斯拉夫语文本"。但是，受《福音书》的启发，吉娣认同了耶稣爱邻居的教导，似乎在直觉上理解了托尔斯泰后来在关于宗教的著作中的副歌：耶稣言由心生。

当母亲担心吉娣过于沉浸在新的"精神觉醒"时，吉娣没有回应，而是"在内心深处想：在基督教方面，永远不可能过度。如果右边的脸被打了，就把左边的脸也转过来给他打；如果有人拿走你的外衣，就把里衣也给他——遵循这样的教义，能有什么过度之处？"然而，不久之后，吉娣回归了她在少女时代接触的更为平和、不太苛刻的俄国正教会信仰，最终成为列文的妻子并生下一子。吉娣短暂的宗教觉醒体现了托尔斯泰的直觉，这种直觉后来才成为一种信念，即认真对待耶稣的教导需要彻底打破惯常的生活模式和小说情节。

俄国正教会的教义和实践与耶稣的教导相悖

托尔斯泰的第一部宗教作品《忏悔录》重申了他小说中熟悉的主题。在讲述自己放弃童年的信仰时，托尔斯泰对他所处的环境进行了尖锐的分析，就像他在小说《童年》《少年》《青年》《安娜·卡列尼娜》中做的那样。像写忏悔体的前辈一样（例如奥古斯丁、卢梭，以及陀思妥耶夫斯基笔下的地下人），托尔斯泰不仅承认自己的罪过，还指控周围的人同样很坏，甚至更坏。

他在成长过程中缺乏榜样和引导。在《忏悔录》中，托尔斯泰讲述了一个朋友告诉他上帝不存在，以及他的哥哥带他去妓院的事。甚至他的姑姑（他心目中最虔诚的女性之一）也鼓励他与一名地位显赫的已婚女子通奸，因为没有什么比一段暧昧关系更能塑造一个年轻人的了。此外，他的姑姑对他的未来充满世俗功利的期望，她希望他成为一名高级军官，并娶一个拥有很多农奴的新娘。托尔斯泰认为，这种行为是他所处阶层的俄国正教会信徒行事与耶稣教导相悖的力证，如此种种不胜枚举。

托尔斯泰在《忏悔录》中提到，他将自己的宗教经历安排给小说中的人物。在《安娜·卡列尼娜》中，列文通常被看作托尔斯泰的化身（关于列文的精神危机，参见第四章"列文和死亡"一节），他的经历与托尔斯泰自身的经历有很大部分的重叠。托尔斯泰还赋予了他的小说人物宗教情感和见解，这些后来被他上升为行为规范。在《忏悔录》的结尾处，他描述了自己欣喜若狂地回归教会后又不得不远离的原因——不仅因为他不相信奇迹和仪式，而且因为他相信暴力，包括国家授权的暴力（如战争和处决犯人）是与耶稣的教导背道而驰的，但俄国正教会宽恕这些行为，甚至有时还起了推波助澜的作用。

在《战争与和平》中，托尔斯泰描绘了皮埃尔和娜塔莎对于人们以基督之名所做的一些事的认识和困扰，他们凭直觉认为这些行为违反了基督教义。皮埃尔的困扰在于："我们都信奉宽恕伤害和爱邻居的基督教义，并为此在莫斯科建造了一千多所教堂。但昨天一名逃兵被处以鞭刑，而就是那个宣扬恕罪和爱人教义的神父让那个士兵在临刑前吻了十字架。"当教堂里突然念起祷告"拯救俄国于（拿破仑领导的）敌人入侵之下"，并呼吁"把敌人践踏在脚下"时，娜塔莎也感到困惑。她前不久刚加入"为那些恨我们的人"祈祷的行列，并且正感受到原谅敌人的喜悦，而这次礼拜突然把一切都打断了。因此，托尔斯泰认为娜塔莎在那一刻的困惑揭示了一件事，那件事后来成为他人生中的一大绊脚石。事实上，在1878年5月22日（当时俄军在巴尔干半岛作战）的一篇日记中，托尔斯泰记录了他的生活经历与他的小说情节有相似之处：他写到他去教堂，感到礼拜很有意义，但是他认为祈祷中"践踏敌人"的部分是对上帝的"亵渎"。"基督徒应该为他的敌人祈祷，而不是与他们对抗。"在晚年，托尔斯泰公开批评了教会支持处决犯人、战争和其他形式的暴力行为。

托尔斯泰经常提到，教会与政府勾结，胡乱解读上帝的教义来"催眠"百姓,这在托尔斯泰于1910年9月7日写给甘地的一封英文信中可见一斑。他提到一群女孩在莫斯科的一所学校回答大主教提出的关于正教会教义的问题。当时学校正在考察《十诫》。她们背完第六诫后,大主教问:"根据上帝的教义,杀人在任何情况下都是被禁止的吗?"托尔斯泰向甘地解释说,女孩们被"误导了",根据教理问答手册,她们应该回答:"不总是的,因为在战争中和处决犯人时是被允许的。"但是一位年轻的女孩涨红了脸,"坚定而又激动地回答了'总是!',尽管大主教使出各种惯用的伎俩进行诡辩,但她仍然坚定地认为在《圣经·旧约》中,杀人在任何情况下都是被禁止的。另外,基督不仅禁止我们杀人,而且禁止我们做出任何伤害邻居的事情"。

这位女孩是托尔斯泰的小说中最后一个看到并说出真相的孩子,她令周围说谎的成年人自惭形秽。她的陈述验证了他的观点,即各种教条和教义已经掩盖甚至扭曲了耶稣的教导。耶稣说圣父将有些事"向婴孩就显出来"而"向聪明通达人就藏起来"(《马太福音》11: 25),这很自然地引起了托尔斯泰的关注。在他的所有作品中,这也一直是他伦理学和诗学的核心。

托尔斯泰的福音

托尔斯泰认真钻研了希腊文《福音书》，仔细阅读注释，并对比不同版本。鉴于四部经典《福音书》是从一系列关于耶稣言行的不同叙述中挑选出来的，托尔斯泰开始提取他认为是耶稣真正教义的内容。最终，他创作了长篇版的《四福音书的合编及翻译》和简化版的《福音书摘要》。

在《安娜·卡列尼娜》中，画家米哈伊洛夫在画彼拉多审判耶稣的场景时，曾说："我没办法画一个我内心不存在的耶稣。"同样，托尔斯泰也需要刻画一个能与他对话并能为他发声的耶稣。这个耶稣揭示了托尔斯泰的内心世界。这个耶稣身上不仅没有神迹奇事，而且作为"上帝之子"，与普通人并无二致。对于托尔斯泰来说，耶稣之所以特别，是因为他是上帝真理最好的传授者和解读者。托尔斯泰对历史上的耶稣不感兴趣，也不关心耶稣奇迹般的诞生和升天的传说。他甚至没有视耶稣为朋友，助自己缓解罪孽和痛苦。正如一位回忆录作者所述，托尔斯泰曾说："知道耶稣出去解手有什么意义呢？知道他复活了，又有什么意义？他是复活了，那又怎样？上帝与他同在！我在乎的是我该怎么做，我该如何生活。"

托尔斯泰从耶稣的教导中提取了 5 条能够指导他生活的简单的"规则":(1)不动怒,原谅他人的冒犯,众人和睦相处;(2)不通奸,不淫乱,不离婚;(3)不起誓(比如效忠政府的誓言);(4)不论断、不惩罚人,不以恶报恶,避免一切形式的暴力;(5)爱你的邻居,不树敌,不以国籍区分人。托尔斯泰将耶稣的教义缩减为这短短几条规则,许多信徒觉得这是违背耶稣教导精神的行为,但托尔斯泰觉得这并无不妥。在他看来,如果每个人都遵守这些规则,那么"所有人都将成为兄弟,每个人将与他人和平相处","上帝的国度将会降临"。这就是蚂蚁兄弟梦寐以求的绿棒。

在转述和评论《福音书》时,托尔斯泰摒弃了他认为晦涩或虚假的内容,因为他认为这些内容多半是教会为推广其教义或实施某项计划,或更糟糕的情况——为掌权者服务——而添加的。托尔斯泰突出了他认为重要的内容,即耶稣自己所说的话。正如受到托尔斯泰宗教教诲启发的美国人欧内斯特·霍华德·克罗斯比所说:"当他不喜欢某句经文时,他会直接删去,这是一个极为简单的处理方法。""然而,他极强的感知能力让他能够深入《福音书》叙事的精神层面,这是很少有作家能做到的。他描述那些事件就好像它是在今天的莫斯科发生的,经过他深刻的洞察,我们看到了法利赛人①为什么这样说,以及门徒为什么会做出这样的回答。"

为了达到这种效果,托尔斯泰在自己版本的《福音书》中引入了一些俄国读者熟悉的元素。例如,他将"硬币"替换为"戈比"。他会提到"犹太大草原"。托尔斯泰还非常刻意地把"法利赛人"翻译为"正教会",以此来揭露俄国正教会的虚伪。例如,《路加福音》记载的耶稣说:"如今你们法利赛人洗净杯盘的外面,你们里面却满了勒索和邪恶。"(《路加福音》11:39)而托尔斯泰笔下的耶稣却说:"你们这些正教会的人把外面的东西都洗了,但你们自己身上都干净吗?"维克托·什克洛夫斯基认为托尔斯泰小说中有陌生化或异化的成分,而他对《福音书》的处理也是陌生化或异化的一种变体(见本书第七章"陌生化或'新视角'"一节)。其目的是让读者以全新的视角去看待某一现象,这意味着要摆脱旧的解释习惯,去除常规感知。托尔斯泰正是这样处理《福音书》的。

---

① 法利赛人是公元前 2 世纪至公元 2 世纪犹太教上层人物中的一派。基督教《圣经》记载,耶稣指责他们是言行不一的假冒伪善者。西方文学中常用来指伪君子。——编者注

在一本名为《如何阅读福音书》的小册子中,托尔斯泰提供了明确的指导,告诉读者应当如何阅读经典《福音书》,并找到自己想要的真理。他建议读者"放下既有的结论",不必担心很多内容无法理解。读者应该用蓝色的笔在所有能理解的地方画线,然后用红色的笔在所有耶稣确实说过的内容之处画线。然后,读者应该集中精力只关注那些两度强调的地方——双重画线之处。托尔斯泰相信,固然人们在理解上存在差异,但如果读者遵循这个方法,就能找到耶稣教导的要点。对于托尔斯泰来说,这种使用蓝色和红色墨水的自学方法要比官方教授的更好。正如他在《我的信仰》的序言中所写的:"并非所有人都能弄清教义学、布道学、教父学、礼拜学、解释学、护教学等最深奥的学问,但耶稣的言语,对历经数代,几百万未受教育的普通民众而言都是可以并应该理解的。"

"但谁是我的邻居?"

与邻为善是诸多伦理体系中的一项原则,但对这种爱的内涵及谁是邻居的解释却各不相同。托尔斯泰提醒道:"关于我的邻居是谁的推理是一个陷阱,它会让人们远离真理。为了不陷入其中，人们应该放弃推理，展开行动。"托尔斯泰的最终建议是，一个人爱邻居，就应该爱在此时，爱在此地。这意味着忘记自我和个人利益，并且不以国籍来区分人。

托尔斯泰在他的小说中也探讨了这个棘手的问题。《战争与和平》中的普拉东·卡拉塔耶夫就是一个知道谁是自己的邻居并去爱邻居的人。他的爱超越了阶级、信仰、国家或物种的区别：普拉东"爱他的狗，爱同伴，爱法国人，爱他身旁的皮埃尔"。普拉东的爱是积极的。他给周围的人提供食物、衣物、安慰和鼓舞。然而，"他没有皮埃尔所理解的那种依赖、友谊或爱情"。"尽管普拉东对皮埃尔关爱有加，体贴入微……但是与皮埃尔分离后，他一刻也不会感到悲伤。"不过托尔斯泰只描述了普拉东在特殊情况下——作为战俘时的那种邻里之爱。

托尔斯泰在《战争与和平》的其余部分穿插了一些冲突，讲述了他笔下的人物在爱邻居和爱亲人之间左右为难的处境。例如，当罗斯托夫全家逃离烈火中的莫斯科时，娜塔莎贸然命令清空满载财产的车辆，用来转运受伤的士兵，这让她的母亲很是懊恼。（不过，托尔斯泰并不允许这种与邻为善的义举没有得到回报。娜塔莎的表亲索妮娅设法挽回了他们的一些财物,而娜塔莎则因机缘巧合或命运使然,在受伤的士兵中与安德烈·博尔孔斯基相遇,亦得福报。)多年以后,在小说末尾,皮埃尔卷入了邻居的政治行动,而玛丽亚则因她没有像基督所教导的那样去爱所有人而感到痛苦(参见本书第三章"《战争与和平》中的情爱、婚姻和家庭幸福")。

托尔斯泰在小说中探讨的爱邻人和爱亲人之间的冲突也在他的亚斯纳亚·波利亚纳庄园上演。托尔斯泰的妻子索菲亚在1881年的笔记中写道,在托尔斯泰写完《安娜·卡列尼娜》之后的时期,他沉浸在宗教中,说自己看到了"光",这改变了他与他人的关系:以前,他所认为的邻居"有一个确定的群体,即他的亲人和亲近的人",现在"数百万人成为他的兄弟"。托尔斯泰把蚂蚁兄弟的梦想铭记在心。同时,他期望他最亲近和最爱的人——首先是他的妻子——也做出调整。

在1883年完成的《福音书摘要》中,托尔斯泰表达了他对这种广泛的邻里之爱的新看法。在重述好撒玛利亚人[①]的寓言(《路加福音》10:25-35)之时,托尔斯泰先发表

[①] 好撒玛利亚人是一个源于基督教文化的著名成语和口头语,意为好心人或见义勇为者。——编者注

了一段论述，警告人们不要"陷入一种诱惑……认为人们只有对本国同胞做好事的责任，而把其他国家的人通通视为敌人"。除此以外，在《路加福音》中写着"你要……爱邻舍如同自己"的地方，托尔斯泰推断出"当爱……你的兄弟，上帝的子民，无论他们是不是你的同胞"。（因此，托尔斯泰甚至避免使用"邻居"这个词，因为它可以有很多不同的解释。）撒玛利亚人对躺在路边、奄奄一息的犹太人施以援手。在讲述这则寓言后，托尔斯泰用这样一句道德寄托做结语："吾辈亦当如此对待外族之人。"

正如托尔斯泰在《我的信仰》中明确表态，耶稣的诫条是爱自己的敌人，不区分同胞和他人，这意味着一个人不应该区分自己的国家和其他国家。最后，托尔斯泰相信这种区分是有害的："所谓的爱国主义不过是弥天大谎"，只会导致国家之间的敌意和战争。他以前被蒙蔽了，认为他的"福祉只与他本国人民的福祉息息相关"，而现在他明白了，自己的福祉与"世界上所有民族的福祉"休戚与共。

耶稣所说的"不论断"的含义

在《路加福音》6：37里，主耶稣说："你们不要论断人，就不被论断；你们不要定人的罪，就不被定罪。"在《我的信仰》一书中，托尔斯泰讲述了他努力去理解这句话的真正含义。人们通常认为这句话意味着"不应该说邻居的坏话"或者在心里评判邻居。然而，托尔斯泰怀疑耶稣真正的意思是"不要设立法庭，也不要在法庭上评判邻居"。在研究不同版本的希腊文本后，托尔斯泰得出结论，耶稣实际上是在禁止人们参与这些司法和刑罚系统，因为这无论对于受刑者还是判决者来说都是邪恶的，并且给他们带来了无尽的痛苦。从那时起，托尔斯泰公开反对这个制度，并在1883年被传唤担任陪审员时拒绝任职。

在《童年》中，圣愚格里沙以他神秘的方式反对人们之间互相惩罚。尼古拉父亲的农奴们放狗想咬伤格里沙，好让他离他们的屋子远点儿。格里沙用他奇怪的言语痛诉此事，指出狗想要将他撕咬致死，放狗咬他是"一个大罪"。但格里沙也恳求主人不要因此惩罚农奴们。他坚决抵制一切形式的世俗惩罚，哪怕在这种情况下，世俗制度赋予了主人这样做的权限。格里沙的做法预示了托尔斯泰日后对"把另一边脸也转过去"和"不论断"的真正理解。

在他的最后一部小说《复活》里，托尔斯泰表达了对俄国法院和监狱的谴责。托尔斯泰揭示了囚犯所遭受的残忍、不公和苦难，用小说的形式表达了他对"不论断"的理解。主人公聂赫留朵夫从一个负责定罪的陪审团成员转变为自愿捍卫囚犯权益的人，他提出了一个"非常简单的问题：为什么某些人可以关押、折磨、流放、鞭打和杀戮其他人，而自己与那些他们折磨、鞭打和杀戮的人并无二致？"之后，聂赫留朵夫指出，"上帝在人类心中刻写的永恒、不变的律法"告诉我们应该以爱和同情待人。但一旦接受了"有时可以不用爱来对待其他人"的观点，那么可犯下的恶行和带来的苦难将"不可限量"。

非暴力主义：不止于客西马尼、亚斯纳亚·波利亚纳

托尔斯泰一再强调普世之爱和不论断的诫条，因为他相信当耶稣禁止任何形式的暴力时，"言由心生"。他从《登山宝训》(《马太福音》5：38-48)中得到启示——耶稣说不要"以牙还牙"，"不要与恶人作对"，"有人打你的右脸，连左脸也转过来由他打"。耶稣还说，"你们的仇敌，要爱他；恨你们的，要待他好；咒诅你们的，要为他祝福；凌辱你们的，要为他祷告"(《路加福音》6：27-28)，

以此成为"在天上的父的子民"。

在《福音书摘要》中，托尔斯泰表明在面对死亡时，耶稣也差点儿诉诸暴力，而不是白白等死。根据《路加福音》的说法，托尔斯泰笔下的耶稣告诉他的"学生"（托尔斯泰用来称呼门徒的术语）："拿起刀子，免得我们白白丧命。"在《四福音书的合编及翻译》中对这段经文进行评论时，托尔斯泰写道，耶稣显然打算使用暴力来自卫。托尔斯泰批评教会方面的经文解说员试图掩饰此事实（例如将这个暴力号召解读为一种比喻）。对于托尔斯泰来说，耶稣的绝望和所受到的诱惑至关重要。

只有当独自退到客西马尼花园祷告时，耶稣才克服了想要使用暴力的诱惑。然后，他接受了天父的方式，即非暴力的方式。正如托尔斯泰解释的那样，耶稣从最初受到以暴制恶的诱惑到最终决定不使用暴力，使他在他的"告别演说"（或者说最后的晚餐）上所宣讲的爱成为他人更有力的榜样。

在现实世界中践行耶稣的教诲意味着什么呢？正如托尔斯泰在《我的信仰》中所说，做法是明确而简单的："永远不要使用暴力，永远不要做与爱相悖的行为；如果别人侮辱你，忍受这种侮辱，并且仍不对任何人施加暴力。"他指出，尽管一直以来人们都教导他要接受耶稣神圣的教诲，但似乎没有人把它当回事儿：人们只教他报复、复仇、参战。

暴力或暴力威胁统治并主导着他所在的世界："我生活的环境平静与否，我自己、我家人的安全，以及我的财产安全都建立在基督所否定的法则——以牙还牙的法则上。"在《天国在你心中》的最后一章中，托尔斯泰激情澎湃地写道："当我们在享用奢华的晚餐时，或当我们观看剧院的新剧目时，我们无法假装没有看到武装警察在我们的窗户下来回巡逻，以确保我们的安全。我们也清楚，当我们的财产受到侵犯时，会有士兵带着枪支和弹药现身。"我们也不能否认"单单为了保证我们的财产安全和生活安宁，在俄国就有 10 万人被关在监狱里……"

托尔斯泰是否真的从不支持任何暴力？这是否可能？根据访问过托尔斯泰的人留下的回忆录，与他对话的人认定即使是托尔斯泰，在特定情况下也会同意使用武力，于是设定可怕的场景来测试他，包括侵犯和屠杀无辜者的情况，然后询问他会怎么做。托尔斯泰对答如流，并没有在这个原则上做出任何让步。他认为，耶稣对于永不使用暴力是认真的。这是理想，而托尔斯泰不会在这一点上妥协。

与此同时，托尔斯泰努力在他的亚斯纳亚·波利亚纳庄园践行他拒绝以暴治恶的理想。欧内斯特·霍华德·克罗斯比在1894年访问亚斯纳亚·波利亚纳庄园时，听庄园的瑞士籍家庭教师说了这样一则故事：托尔斯泰的小女儿曾与一个农民男孩一起玩，男孩用棍子重重地打了她。她跑去找父亲，希望他惩罚那个男孩。托尔斯泰向她解释说，如果他打那个男孩，那个男孩就会憎恨他们两个人，不如让他爱他们。于是他建议小亚历山德拉从储藏室拿来果酱罐，给男孩一些果酱。克罗斯比想象，那罐果酱可能点燃了那个男孩心中"爱的火星"，进而变成"爱的火焰"，要知道，这种"爱的火星"存在于所有男孩心中。然而，他还是承认，他并不知道这个"刑罚试验"的结果如何。

克罗斯比继续说道，有一次他在新泽西向听众讲述这个故事，一位绅士从后排站起来说，他知道男孩接下来会做什么。"他第二天会上门打她的另一条手臂。"克罗斯比写道，这两位分别来自俄国和新泽西的绅士，"涉及了人类行为中所有有争议的地方。他俩究竟谁更深谙人性？另外，果酱或是棍子，宽恕或是惩罚，爱或是复仇，哪个能使社会更加文明？这段小插曲中肯定存在美，但美是否能脱离真理而存在？如果托尔斯泰的观点中存在真理，那么这个真理是不是可以更频繁地应用于我们的日常生活和相应的制度中呢?"

托尔斯泰宗教作品的影响

托尔斯泰的宗教作品曾在俄国被封杀,在国外印刷后以非法方式流回俄国。在这些作品及随后的其他作品,特别是他晚年的小说《复活》中,他直言不讳地批评了俄国正教会和这个国家——事实上,他批评了所有国家,因为所有国家都在施行暴力。1901年,俄国正教会将托尔斯泰开除教籍,这引发了全国范围内的示威活动。在世界的注视下(有很多人抗议),这个被公认为当时最伟大的道德思想家之一的人被宣判为异端。《新时代》一位颇有影响力的编辑阿列克谢·苏沃林代表来自各行各业的许多俄国人宣称:"我们有两位沙皇:尼古拉二世和列夫·托尔斯泰。"

托尔斯泰的宗教作品被翻译成多种语言在世界各地供人阅读。康斯坦斯·加内特于1894年翻译了托尔斯泰的《天国在你心中》(在此之后,她开始翻译屠格涅夫、陀思妥耶夫斯基和托尔斯泰的小说)。莫罕达斯·甘地称,1894

年，他在南非阅读《天国在你心中》时深受震撼。他欣赏托尔斯泰的"独立思想、道德感和真实性"。受托尔斯泰的影响，甘地发展了自己的"非暴力"行动主张。

弗拉基米尔·切科夫是托尔斯泰的忠实信徒，他于1897年被流放出俄国后，在英国积极出版和传播托尔斯泰的教义。1902年，英国人约翰·科克曼·肯沃西写道，他非常支持托尔斯泰的观点，并且将托尔斯泰的影响力与宗教界的人物约翰·卫斯理（卫斯理宗教会创始人）和约翰·班扬（《天路历程》的作者）相提并论。

托尔斯泰晚年的作品使俄国内外的许多人成为"托尔斯泰主义者"。他们将托尔斯泰版本的基督教教义（"摆脱了教条和神秘主义"）铭记在心，并极力依此生活。他们中的一些人组成了社群，以实践"托尔斯泰主义"为目标。托尔斯泰本人对任何试图将他的教导变成"主义"或有意识地组织社群的行为持谨慎态度。对于托尔斯泰来说，重要的是人们的内心是否有所成长。这与他的信念一致，即"神的国就在你们心里"（《路加福音》17: 21），对他来说，这意味着每个人都需要意识到和信奉内心的真理。为此，托尔斯泰希望他的宗教作品能让人们"自省"（见下页方框）。

"反思你自己"

托尔斯泰在晚年的诸多著作中使用了这个短语，并将其作为他 1904 年发表的反战论著的标题（本书第二章结尾提及）。据托尔斯泰对《福音书》的诠释，耶稣在关键时刻告诉听众反思自己。比如在《路加福音》13: 5 中，他警告道："你们若不悔改，都要如此灭亡！"在《福音书》中，耶稣用的这个动词一直被俄文和英文翻译为"忏悔"。但是，"忏悔！"是一个含蓄的命令。托尔斯泰并没有使用这个词，他回到了希腊原文中的动词 *metanoien*，它的意思很简单，就是改变心意。（这个希腊词的词根意为思想，前缀则暗含状态或位置改变之意。托尔斯泰将词形吸纳为信息的一部分，对这个广为人知的词进行了新颖且发人深省的翻译。）托尔斯泰想传达给读者的信息是：跳出陈规，敞开心扉，拥抱改变和新思想。

哲学家路德维希·维特根斯坦便经历了这样的"反省"。1914年，他在奥地利军队服役期间，偶然在一家书店里看到了托尔斯泰的《福音书摘要》。在整个战争期间，他都随身携带这本书，宣称对整本书的内容了然于心，它是"支撑他活下去的精神支柱"。战后，维特根斯坦采取了一些类似托尔斯泰风格的举措：他去教授农村学生，并放弃继承家族的财富。在他的余生中，托尔斯泰的作品（不仅是有关《福音书》的，也包括小说）对他来说非常重要。当然，维特根斯坦只是一个例子。托尔斯泰的宗教作品，无论是单独阅读还是与他的小说一起阅读，都发人深省。读者不仅是按照托尔斯泰的思路，更是通过他们自己的视角来思考，而这也是托尔斯泰想实现的效果。

第六章

我们该如何做？

托尔斯泰晚年专注于社会公正的话题，创作主题涵盖了诸多方面，包括贫困、物品分配和特权、阶级关系、土地所有权、体力劳动、饥荒、慈善事业、不合作主义、非暴力主义和饮食伦理学。在此之前很久，托尔斯泰就已经在他的小说和个人生活中表现出对这些话题的关心。但在受到他新近阐述的关于《福音书》的启发之后，他感到有必要更直接地解决这些社会问题。对于托尔斯泰来说，信仰与行动是相辅相成的。

当他解决了"我信仰什么"的精神困境后，下一步自然而然就是探索"我们该如何做？"。这个标题呼应了《路加福音》第 3 章第 10 节中众人向洗礼者约翰提出的问题。根据福音，约翰回答说，"有两件衣裳的，就分给那没有的；有食物的，也当这样行"。在《我们该如何做？》及其后续作品中，托尔斯泰成为社会不公的抨击者。在他针对不平等现象的论著中，还经常出现另外一个问题，即他在 1900 年写的一篇文章的标题："一定如此吗？"托尔斯泰提出这个问题来唤起人们的思考。他首先指出，很多人只是随波逐流，根本没有对这个世界运转的方式做出思考，或者他们认为就算思考了也无能为力。

在托尔斯泰写于 1900 年的论著中，他在开篇描绘了两个处于截然不同世界中的群体在一条乡间小路上短暂地交会：一边是乘车、骑马或骑单车出游的有闲阶层，另一边是农民、铸造工人和其他工厂工人。托尔斯泰观察到，当特权阶级的人从后者身边经过时，他们的车夫用鞭子驱赶挡道的人，他们"对眼前的贫困景象一点儿也不感到惊讶或是被触动"，而是认为"这一切本就如此"。随着"一定如此吗？"之问的继续，托尔斯泰鼓励读者反思部分人的特权与其他人的贫困之间的联系。

在托尔斯泰关于社会不平等的著作中,他一直在做契诃夫认为艺术家应该做的事情:提出问题。托尔斯泰并不害怕提出尖锐的问题。即便找到了一些答案,他仍然继续提问。他利用自己的文学才华(正如他在小说创作中表现的)揭示了他周围世界的苦难和不公,并运用他的分析能力揭示了社会为了忽视或"补救"问题而采取的诡诈和残酷手段。

托尔斯泰早期小说及生活:社会良知的种子

从一开始,托尔斯泰的社会良知就在他的"自传心理学"小说中显而易见。在他早期的《童年》《少年》《青年》中,托尔斯泰记录了以自己为原型的尼古拉关于不平等意识的逐渐觉醒。在母亲的葬礼后,尼古拉坐着马车穿过俄国乡村,似乎第一次意识到贫穷和苦难的存在。当衣衫褴褛的乞丐走向他们的马车,以"耶稣的名义"请求施舍时,他吓坏了。一个农奴拦住了他们,掏出一捧硬币分发给他们。

在另一个场景中,尼古拉加入同伴,欺负一个体力无法与他们匹敌的贫穷外国人,事后他感到后悔。在《青年》中，尼古拉告诉自己，将每周去教堂并花一个小时读《福音书》，然后幻想着要把他的一部分零花钱分给穷人，接着他又好奇，大家都是人，为什么仆人要伺候他呢？然而，正如章节标题"白日梦"所示，他没有深究。托尔斯泰笔下年轻的主人公并没有采取真正的行动来改变现状、对抗不公，或改变自己的行为方式。尽管如此，托尔斯泰至少展示了尼古拉对周围不公的关注和思考。托尔斯泰还向读者明确表示，这个世界正在驯化尼古拉，让他向乞丐扔硬币以摆脱他们，欺负外来者，并维护自己的特权。

作为年轻的地主和农奴主，托尔斯泰对农奴制度存在道德疑虑。1856年3月，沙皇亚历山大二世宣布将在1861年全面废除俄国的农奴制。一个月后，托尔斯泰起草了一份文件，准备读给他的农奴听。在其中，托尔斯泰写道："上帝将解放你们的念头灌输于我的心中……"然而，托尔斯泰的计划泡汤了。当他把农奴们召集起来并提出自己的计划时，他们拒绝了，认为他在欺骗他们，并觉得政府的计划对他们更有利。在此期间，托尔斯泰致力于教育农民（见下页方框）。

托尔斯泰老师

1847年从大学辍学后，托尔斯泰开始自学并认真思考学习的过程。在1861年俄国农奴解放前后，托尔斯泰积极参与农民教育，重拾了他之前短暂追求的兴趣。他为农民子女建了一所学校，研究教育学，在西欧参观学校，与教育家交流，并发行了一本致力于农民学校教育的期刊。从《亚斯纳亚·波利亚纳庄园的学校》和《我们和农民的孩子，应当谁教谁写字？》等文章可见，他的教育理念和实践非常先进。

在写《忏悔录》时，托尔斯泰对自己过去的努力嗤之以鼻，因为他发现自己曾经在"不知道该教什么"的情况下进行教学。但是，多年来，托尔斯泰一直对教授当地的农民子女保有浓厚的兴趣，并且作为一位老者，他依然能回忆起与孩子们在一起时的喜悦之情。

在创作《战争与和平》和《安娜·卡列尼

> 娜》之间的一段时期，托尔斯泰创作并编纂了一些教育论著。到了晚年，托尔斯泰越发致力于此，与朋友和追随者一起出版了大量的大众读物，面向各个年龄段的广大读者群体。除了创作，他还为他人的作品撰写导言。托尔斯泰收集了各个来源的故事和谚语，并把它们的纲要编撰成册。例如，在他1903年所编的《智者的生活格言》中，有连续两页来自萨克雷、老子、《塔木德》法典、佛陀、约翰·拉斯金、《马太福音》、穆罕默德、孔子的语录。这些作品旨在教化与启人心智。

小说中的主人和农民

从《战争与和平》到《安娜·卡列尼娜》，再到《复活》，托尔斯泰展示了地主们在尝试平衡自己的利益与农民的利益时，如何解决分配公平和土地所有权的问题。1861年的皇家诏令解放了农奴，并给予他们一小块土地用于耕种，但他们需要分期付款以购买这些土地。农民为生存和赚钱而苦苦挣扎，许多人搬到城市找工作。与此同时，大部分土地仍然属于地主，他们会雇用农民做工或出租土地给他们。

在《战争与和平》中，农奴制是一个现实的道德问题。书中的故事发生在农奴解放之前50多年，农奴们听到传言说拿破仑若在俄国取得胜利，将解放他们。小说中的地主们亦怀有良好意愿：皮埃尔·别祖霍夫梦想着解放自己的农奴，并尽力为他们谋福祉，尽管以失败告终——皮埃尔笨拙又不切实际，被他的经理和管家欺骗。而他的朋友安德烈·博尔孔斯基没有他那样想做善事的冲动，却获得了对自己和农奴都有益的结果。

这部小说的结尾设定在1821年，皮埃尔参与了托尔斯泰以1825年十二月党人起义为原型创作的政治行动。十二月党人的政治目标之一是废除农奴制，一些人甚至设想对土地所有权进行根本性的改变，将土地交给农民。相比之下，尼古拉·罗斯托夫开始亲自管理自己的庄园和农奴，以此来弥补家族过去的挥霍行为。他开始关爱农奴并理解他们的生活方式。尼古拉不是试图表现出善行，而是努力做一些对自己有益，农奴也能从中获益的事情。受妻子的善心影响，尼古拉发誓在发怒时不再打农奴。（托尔斯泰在日记中写道，小时候得知农奴被打让他感到不安，但是自己在年轻时也曾出于怒气打了他们。）

在《安娜·卡列尼娜》中，托尔斯泰描绘了不同地主以不同方式适应农奴解放带来的变化。弗朗斯基作为地主，以前不常在庄园出现，现在他加入了新的地方政府并试图在自己的庄园进行改革和创新。然而，他与农民之间没有建立良好的关系，对农场生活也无感。他为农民建造了一家先进的医院，却忽视了产房；他修建了豪华的马厩，却吝于提供马饲料。相比之下，列文扎根于家族庄园，并与农民长期保持接触。单身时的他曾考虑发起一场"不流血革命"，将更多的土地分给农民，但在结婚后，他却回归了传统的对待农民之道。他自我安慰道，至少他没有拉大自己与农民之间的财富差距。尽管列文很想为农民谋福利，但迫于为子孙后代保留遗产的压力，他还没准备好贡献自己的地产和财富。

谁应该拥有土地？

托尔斯泰一方面对他继承的土地极度依恋，并有想要买下更多土地的冲动，另一方面对拥有土地感到焦虑，特别是当他想到俄国农民认为土地应该属于所有人时。在1865年的日记里,托尔斯泰记录了他的"梦中所见"。在日记的开头,托尔斯泰引用了皮埃尔-约瑟夫·蒲鲁东的名言"财产即盗窃",并在日记的结尾预言,鉴于俄国人民对土地私有权的厌恶,"俄国的革命"不为推翻"沙皇和专制主义",而更多是为了改变土地所有权的现状。

在晚期小说《复活》中,托尔斯泰探讨了土地所有权的问题,展示了主人公聂赫留朵夫想知道如何处理他继承的财产。早在10年前,聂赫留朵夫将他从父亲那里继承的土地分给了农民。此后,他便一直靠母亲那更丰厚的地产收入维持生计。当母亲去世时,聂赫留朵夫面临两难境地——一则他没有其他收入,二则尽管没有子嗣,但他感觉应当将土地留给姐姐的孩子们。然而,他坚信"土地私有权是不公的"。

在权衡利弊时,聂赫留朵夫想起了美国改革家亨利·乔治"精彩"论点的核心思想,并背诵道:"土地不能成为任何人的财产,它不能被买卖,就像水、空气和阳光一样。每个人都有平等享受其所带来的好处的权利。"托尔斯泰对乔治的著作《进步与贫困》非常赞赏,书中主张那些使用土地的人应向政府支付税款以享有这种特权。

那么聂赫留朵夫应该怎么做呢？虽然他认为自己知道正确的做法，但他犹豫是否要彻底改变自己的生活方式。

《一个人需要多少土地》（1886）是托尔斯泰为广大读者撰写的故事之一，它以寓言的形式探讨了土地私有制及积攒世俗财富的行为。（詹姆斯·乔伊斯曾称这是"世界文学中最伟大的故事"。）它讲述了主人公拼命想得到更多土地，以此来获得幸福和安全感。而托尔斯泰对书名提出的这个问题的答案和他想传达的道德观念是：一个人所需的土地够安葬自己足矣。

这个故事像托尔斯泰的许多小说一样，具有"自传心理学"的性质。在1869年的阿尔扎马斯，托尔斯泰正在奔萨省寻找土地，路上经历了一场恐慌，当时死亡之灵笼罩着他，让他开始质疑自己的生活。他希望以低价购买土地，并通过销售木材收回成本。后来，托尔斯泰将他在阿尔扎马斯的恐慌写进小说《疯子笔记》中，小说中的主人公获得顿悟，放弃了得到更多土地的计划。当时他与当地的一位农民交谈，这次谈话让他意识到，他的获利将以农民的痛苦和悲惨为代价。

最终，托尔斯泰放弃了他的土地，将所有权移交给家人。然而，即便托尔斯泰很想像李尔王那样"放下重担，向死踽行"(托尔斯泰批判过《李尔王》,但乔治·奥威尔认为,李尔王的悲剧与托尔斯泰的生活有相似之处),他的问题并未就此结束。李尔王深切体悟到周围穷人的困境和悲惨命运(第三幕第四场),内心对自己的审判油然而生,而托尔斯泰亦会经历属于他的自我审判过程。

托尔斯泰与莫斯科的穷人

《我们该如何做?》是托尔斯泰对社会公正问题做出的最持久、最令人心潮澎湃的回应,使人不免想起亨利·梅休的《伦敦劳工与伦敦穷人》(1851)及英国历史上调查和阐述社会问题的其他著作。但是,托尔斯泰在观察和回应莫斯科城的贫困现象时,有自己独特的方法。他一直对农村和农民所面临的困境很熟悉,却很少关注城市贫民的困境,这一情况在19世纪80年代,当托尔斯泰一家开始在莫斯科居留更长时间后,发生了变化。在《我们该如何做?》中,托尔斯泰通过向读者表明他和其他人所享受的"愉快"生活的休闲、富足和安全与穷人的痛苦、匮乏和动荡之间的直接联系,激起了人们的心灵共鸣。

托尔斯泰运用他最喜欢的手法之一(见本书第七章

"隐藏的对称性"一节），将黎明时分莫斯科城中两个同时发生但截然不同的场景进行了对比描绘：一边是受压迫、面容颓废的工人们来到或是离开工作环境十分恶劣的"吸血"工厂；另一边，年轻女士们（令托尔斯泰感到羞愧的是，其中包括他的女儿们）穿戴华丽的服饰参加高级社交宴会。事实上，托尔斯泰揭示，这些工厂"只生产舞会所需的物品"（如长筒袜、丝绸、香水和润发油）。然后，托尔斯泰指出，"参加舞会的人们"从来没有想到他们所看到的醉酒工人与舞会之间存在任何联系，也从未关注过自己的马车夫——在严寒中等待的一位老农。（这个细节让人想起了俄国文学和文化中的一个主题，即精英阶层以牺牲农民为代价来享受生活。还有一个故事，可能是虚构的，传闻年轻的托尔斯泰在参加舞会时，他的马车夫差点儿就冻死了。）托尔斯泰旨在提醒他的读者，工人的痛苦与舞会参与者们的奢华和轻浮之间存在直接联系。

为了了解莫斯科贫民的生活，托尔斯泰主动参与了人口普查工作，并要求被指派到一个贫民窟，据他所知，那里是"一个极度贫穷和堕落的巢穴"。托尔斯泰将他在看到贫民窟后所感到的内疚和恐惧，与 30 年前在巴黎目睹"一个男人在断头台被砍头"的情景相提并论（并在他的

《忏悔录》中有所描述)。他得出结论,在巴黎目睹处决过程时,他只是一个旁观者,但在莫斯科残忍的贫困境地中,他更像是一个帮凶、教唆者和共犯。他甚至写道,只要"我有两件大衣而有人一件也没有,我就在不断重复的罪恶中有份罪责",这促使他想采取行动。

当托尔斯泰最初决定观察和记录城市贫困问题时,曾设想通过慈善工作改善穷人的状况。然而,正如在《我们该如何做?》中描述的,他对富人将多余物资捐给穷人的慈善形式大失所望。有一次,托尔斯泰试图向瓦西里·苏塔耶夫这位与教会决裂并反对财产私有的宗教激进领袖解释,"根据福音,人们应当给赤身露体的人衣服穿,给饥饿的人饭吃",所以施舍乞丐应该是一件善事。然而,苏塔耶夫却反驳说,慈善行为无法改变现存秩序,只是富人摆脱穷人纠缠的手段而已。

相反,苏塔耶夫提出了一种基于主动关爱的更为激进的方法。他建议与贫民一起生活和工作,以便更直接地教导和指引他们。他的观点使托尔斯泰对传统形式的慈善行为更为质疑。托尔斯泰甚至"开始感到金钱本身,拥有金钱,特别是像他这种没有劳动就获取金钱的情况,都是邪恶和不道德的"。

托尔斯泰论劳动和简朴生活

托尔斯泰在《我们该如何做？》中继续探索，越发绝望地发问："那么我们该如何做？我们该如何做？"他解释说，许多人像他一样意识到自己的"生活方式是错误的或不好的"，但有时却感觉"对此无能为力"。他描述了自己在"苦苦搜寻"一个答案。托尔斯泰写道，他阅读了一篇由农民提莫菲·邦达列夫写的文章，"领悟了"《圣经》里一句话的"智慧"，说人类应该用额头上的汗水来换取面包。对托尔斯泰来说，从那些真正耕种土地的人身上找到智慧是很重要的。

邦达列夫的这篇文章在托尔斯泰的帮助下得以出版，在文章中，邦达列夫呼吁所有人凡事亲力亲为，以求自给自足。他还谴责了上层阶级的"寄生行为"和犯下的罪行。在托尔斯泰看来，邦达列夫提出的"生计劳动"计划，是消除贫富差距并构建兄弟情的一种方式。托尔斯泰将自己和同阶层的其他人对待穷人的方式比喻为一个人骑在另一个人的背上，同时信誓旦旦地对自己和其他人说，他对这个穷人的遭遇感到"非常遗憾"，并且"希望用任何方式尽力减轻他的苦楚，除了从他的背上下来"。托尔斯泰呼吁他自己和其他人从穷人背上下来，通过自己的劳动来谋生。他拒绝接受有关进步、劳动分工和政治经济方面的反驳。

为了亲身体验劳动和简朴生活，托尔斯泰开始做一些之前仆人们做的工作，比如倒马桶和劈柴。他还制订了一个劳动计划，多年来，他就像《安娜·卡列尼娜》中的列文一样，把劳动作为一种消遣、锻炼的方法，或者列文所称的"劳动疗法"，结果列文的兄弟却指出，农民们并不赞成他的做法。在冬季，托尔斯泰会制作鞋子。看到他的手工制品的访客笑称，他们宁愿读他的小说也不愿穿他做的鞋子。

托尔斯泰的劳动计划让他同时代的人浮想联翩。很多人对此嗤之以鼻，但有些人则想尝试一下。英国文化评论家马修·阿诺德注意到，至少在英国的一个村庄中，人们对汗流浃背干体力活的托尔斯泰感到"沮丧"，而不是"兄弟般的喜悦"，"园丁、铁匠和木工们"希望他继续写"文章、诗歌和废话"，因为他干"体力劳动"相当于"在抢他们的饭碗"。谢尔盖·布尔加科夫是一位经历了马克思时代的俄国神学家，他赞扬托尔斯泰的《我们该如何做？》提出了"关键的真相"，但指出托尔斯泰所提供的解决方案在某种程度上是不够充分的，因为他对政治经济学的理解是粗浅和错误的。

托尔斯泰（以及邦达列夫）所提倡的"生计劳动"概念得到了甘地的支持，体力劳动是甘地构筑以爱为基石的简朴生活愿景中至关重要的一环。1910年，甘地在南非建立了一家"托尔斯泰农场"，在那里践行了"生计劳动"的理念，同时贯彻了自己后来回到印度后所倡导的其他原则。

简·亚当斯是芝加哥安置所（亦称赫尔之家）的创始人之一，一直致力于改善贫困移民的生活。在阅读了《我们该如何做？》一书后，她规划了一场朝圣之旅：于1896年前往亚斯纳亚·波利亚纳拜访托尔斯泰。对于托尔斯泰不仅靠善心去改善贫民生活的计划，她想了解更多。她尤其想知道"每天干体力活……是否给托尔斯泰带来了安宁"。在见到亚当斯时，托尔斯泰指责她的宽松袖子浪费了面料，并告诉她，那些面料足够做一件儿童连衣裙，并询问她是否觉得她的着装成了她"与人民间的隔阂"。

离开亚斯纳亚·波利亚纳后，亚当斯几乎阅读了托尔斯泰的所有作品，她的良知被唤醒，决定回到赫尔之家后每天干两个小时的体力活。"在整个归途中，无论是在车上还是海上，我对此坚信不疑，直到回到了芝加哥，突然间，整个计划在我看来变得荒谬可笑，实际上也正是如此。

每天早餐后总是有好几个人等着见我，堆积如山的信件等着我打开和回复，还有其他实际且迫切的需求——我怎么可能把这一切搁置一旁，然后通过烤两个小时的面包来救赎我的灵魂呢？"

尽管亚当斯与托尔斯泰在实现社会公正上的做法有所不同，但她坚定地支持他和他的作品。在她为《我们该如何做？》的英文译本撰写的序言中，亚当斯称赞这本书"使人无法自满"。托尔斯泰或许让她觉得他过于关注"个人正义"了，但她知道，他对正直生活的追求是发自肺腑的。托尔斯泰从未解决他提出的问题，因此（值得赞扬的是）他"从来没有表现得像一个胜利者"。亚当斯欣赏他的简单和真诚，以及他终生都"不愿伪装，最重要的是，他从不欺骗自己，也不欺骗读者"。在她心中，托尔斯泰一直是一位英雄。托尔斯泰与亚伯拉罕·林肯一道，都出现在赫尔之家的壁画中（两人都在干体力活：托尔斯泰在耕田；林肯划着一艘小船，行驶于密西西比河上）。

饥荒时期

1891 年，俄国遭遇了严重的饥荒。同为作家的尼古拉·列斯科夫记得托尔斯泰在1873年积极参与过萨马拉省的救灾工作，于是向托尔斯泰寻求帮助。托尔斯泰回答道，仅凭金钱和援助无法触及问题的核心。他认为解决饥饿问题的唯一长期解决方案就是彻底重组俄国社会：兄弟之爱应取代现有秩序，因为后者的根基是暴力和贫富隔离。

写给列斯科夫的这封信后来被刊登在报纸上，而托尔斯泰则参观了遭受饥荒严重的地方。随后，他与妻子和其他家庭成员一起开展了救援工作，公开呼吁筹集资金，收集物资，并组织开设由当地农民经营的施食点（见图6）。

图6　1891年的托尔斯泰和参与饥荒救援的工作人员

对于这次参与，托尔斯泰怀有一种惯常的复杂心情。他质问："怎么能说是我在养活那些养活我的人呢？"他只是将他和其他人"偷来的"东西还给耕地的农民而已。然而，他也表示这段时期是他生命中更"幸福"的时光之一，因为他有一种与灾难抗争的紧迫感，这在他看来很有意义。托尔斯泰的雷厉风行让作家安东·契诃夫非常敬畏，后者称他是众神之王朱庇特的化身。

《复活》在俄国引起的反响

1899年年末，托尔斯泰完成了小说《复活》，该小说最初是连载的，由列昂尼德·帕斯捷尔纳克——作家鲍里斯·帕斯捷尔纳克的父亲绘制插图，刊登在一本价格低廉的流行周刊上，发行量远超刊登他早期小说的杂志。同时，这部小说也在俄国之外（未经审查）以俄语原文和译文的形式出版。托尔斯泰用版税资助了杜霍波尔教派（一群受到俄国当局迫害的反仪式派教徒）移民加拿大。

多年来，托尔斯泰的妻子索菲亚一直很支持托尔斯泰的创作（她辛勤地手抄他的小说，并对其创作和出版过程怀有浓厚的兴趣），但她并不是很喜欢《复活》。从索菲亚的日记中可以窥见，托尔斯泰依据自己的信念行事给他的家庭带来了影响。她对这部小说的态度反映了这段备受公众关注的婚姻生活中存在的分歧。

索菲亚认为，托尔斯泰用版税资助杜霍波尔教派，这对他们没有独立赚钱能力的子女来说是一种损失。她质疑他为何选择支持杜霍波尔教派，而不是其他更需要帮助的团体，比如饥饿的农民。她还指出："列夫·尼古拉耶维奇把自己的一生奉献给了与我无关的人和事，而我则将我的一生奉献给了我的家庭。"

《复活》的内容也使索菲亚不安。像许多人一样，她对托尔斯泰描述俄国正教会礼拜仪式的措辞感到愤慨（参见本书第五章"摆脱教条和神秘主义的基督教"一节）。她还反对她的丈夫——"一位七旬老人"——"以非凡的热情"描述男主引诱他的女佣并在与她发生关系后将她抛弃的情节（她知道这是以他自己过去的经历为原型的）。她抱怨道，尽管托尔斯泰在书中尽情描述了"道德转变"，但"在生活中从未真正实现过"。

《复活》的主人公聂赫留朵夫在一些读者心中并不讨喜，因为他过于关注赎罪，而无法真正做到体恤和关爱他人。也有一些读者赞赏他，认为他至少跳出了关注自我和特权的圈子，看到了周围的不公并感到愤怒。读者常常称赞托尔斯泰揭示（并抨击）不公和伪善的技巧，即使他们接着会抱怨托尔斯泰的说教语气。契诃夫也不喜欢小说流于福音式的修辞,却没有提供未来的行动方案,但他仍然认为这部小说是"一部杰出的艺术作品"。

饮食伦理:不仅限于家庭

托尔斯泰成了一名素食主义者,并于1892年写了一篇关于屠宰场之旅的辛辣文章,名为《向上的第一步》,它后来被选作英国人霍华德·威廉姆斯关于素食主义的人文著作选集《饮食伦理》的引言。托尔斯泰认为停止吃肉是迈向道德生活的第一步,但是他更关注的是"饮食伦理",并制订了节制且简单的饮食计划,还戒了烟和酒。

正如托尔斯泰后来的事业和信念一样,他的"饮食伦理"也在他的早期生活和小说中露出端倪。早在1865年,托尔斯泰就对"我们桌上粉红的萝卜、黄色的黄油及干净桌布上松软的烤面包"感到不安,因为"在其他地方,恶魔般的饥荒已经肆虐,杂草覆盖田野,土地干出裂缝,磨破了农民和农妇长满老茧的脚跟,敲碎牲畜的蹄子,给每个人都带来了滔天浩劫"。即使在托尔斯泰享受婚姻初期家庭幸福的时刻,那些为他提供食物的人的苦难也触动了他的社会良知。在他的小说中，一个人的饮食常常能揭示他们的性格或情绪。例如，在《安娜·卡列尼娜》中，享乐主义者奥布隆斯基暴食牡蛎，安娜的情人弗朗斯基早餐会吃牛排，而列文则在自家庄园里吃着更为简朴的食物。

晚年的托尔斯泰在日记中，甚至在家庭聚餐时大声抱怨，他的家人"狼吞虎咽"地享用着他们没有动手准备的食物，而辛勤劳作的人却在挨饿。尽管如此，他的妻子仍然照常准备食物，让家庭成员和客人根据自己的喜好进餐。亚斯纳亚·波利亚纳的访客常称托尔斯泰只吃"荞麦糊"。从有关托尔斯泰家庭生活的回忆录中可以看出，他的家庭餐桌分成了两个阵营，食物选择常常反映出家庭成员在很多事情上是站在托尔斯泰一边还是索菲亚一边。

托尔斯泰一直在苦苦探索正确的生活方式，我们从他在1908年写的一则简短日记中找到了佐证，在日记中，他对妻子关于他宣扬简朴生活却吃着芦笋的评论做出了回应。托尔斯泰写道："关于芦笋，她说得没错。"接着他写道，他应该"学习如何生活"。对他来说，学习如何生活和做什么事是一个终生的过程，他从未放弃。

第七章

托尔斯泰的艺术和手法

对于"什么是艺术?"这个问题,托尔斯泰试图在他晚年写的一篇同名文章中做出回答。他用"感染"这个隐喻来描述艺术——无论是音乐、视觉艺术、戏剧,还是文学——对于听众、观众和读者的影响。这篇论著只是托尔斯泰试图理解艺术及其在生活中作用的阶段性成果。他曾与亚斯纳亚·波利亚纳的农民学生们一起讨论这些问题,并自豪地在他的教育论著中介绍了他们的观点。他在小说中展示了艺术对人类精神的影响。例如,在《童年》中,男主人公尼古拉听着母亲演奏贝多芬的《悲怆奏鸣曲》,不觉沉醉其中,并说到音乐让人感觉像是在回忆从未发生的事情。在《安娜·卡列尼娜》中，画家米哈伊洛夫只能绘制出他脑海中存在的耶稣形象。正如托尔斯泰所理解的，身为作家的他也在揭示自己内心的东西。

关于托尔斯泰的小说，有一则广为流传的神话是：他的作品"是世界如果能够自己写作会写成的样子"。这个说法来自伟大的文体家伊萨克·巴别尔。托尔斯泰作品中逼真的特质并未在翻译中丧失。早期英国评论家马修·阿诺德同样评论说，《战争与和平》不是"一件艺术品"，而是"生活的点滴"。在对托尔斯泰作品的批评中，许多人认同阿诺德的观点，认为托尔斯泰的现实主义是以牺牲艺术性或形式为代价的。亨利·詹姆斯在谈到《战争与和平》时问道："但是这种庞大、宽松、臃肿的怪物背后的艺术意义是什么？"詹姆斯认为那些看似无艺术感、偶然和任意的特征正是托尔斯泰艺术的本质。托尔斯泰运用各种技巧来"感染"读者，将他内心的情感传递给读者，这些技巧同样应用于他的非虚构作品中。

托尔斯泰式的现实主义

托尔斯泰因其对俄国现实看似忠实的描绘而备受赞誉。

第七章 托尔斯泰的艺术和手法

根据陀思妥耶夫斯基（他自己的现实主义经常被评为"荒诞"的）的说法，托尔斯泰是唯一一位能够将现实描绘得"细致入微"的俄国作家。托尔斯泰对人们关于生活、爱与死亡的理念的重大问题感兴趣，他也喜欢描绘这些问题发生的环境。因此，托尔斯泰基于现实世界，描述了大量真实的细节。这种技巧似乎类似于罗兰·巴特所谓的"现实效果"，即细节仅仅被用来表达与现实主义相关的逼真性，除此之外并没有实际意义。然而，正如理查德·古斯塔夫森所强调的，在托尔斯泰的作品中，现实世界意义非凡，看似随意的细节往往具有深远的意义。

在《安娜·卡列尼娜》这部作品的表层之下，是托尔斯泰所称的"无尽的联系迷宫"，它贯穿了整本小说，将看似无关紧要的现实细节连接起来，并赋予其意义。例如，在小说开头，多莉发现她的丈夫斯蒂瓦与法国家庭教师有染后，就忽视了她作为母亲的职责，直接上床睡觉了。她起床后做的第一件事就是给孩子们订牛奶。这并不是她的孩子们唯一一次喝不到新鲜牛奶的经历。在小说第三部分，当多莉和孩子们待在乡村时，奶牛不能产奶，这并非事出偶然，而是她通奸的丈夫忽视所致。总的来说，关于牛奶供应的这些细节展示了父亲通奸对孩子们日常生活的影响。与此同时，列文细心饲养他的奶牛,这暗示了他将成为一个慈爱的丈夫,会专心照顾他的孩子。在小说后期,当安娜生下弗朗斯基的孩子时,婴儿因奶妈没有奶而啼哭不止。而小说末尾,吉娣幸福地哺育着列文的儿子。托尔斯泰在这里构建的模式代表了他独特的现实主义手法,意义隐含在每一个细节中,与巴特说的恰恰相反。正因如此,阅读托尔斯泰这种看似无艺术性的现实主义作品,才会获益颇丰。

正如德米特里·梅列日科夫斯基所见,"在描绘人体方面,没有一个作家能够与托尔斯泰媲美"。托尔斯泰是一个"肉体的先知",而陀思妥耶夫斯基则是一个"灵魂的先知"。与同时代的维多利亚时期的小说家相比,托尔斯泰在描绘人体方面的造诣更深。他经常因生动刻画分娩场景而受到赞誉,特别是在《安娜·卡列尼娜》中,以列文的视角描绘了吉娣的分娩。

托尔斯泰也被指责过于"自然主义",即对人体过于关注。例如,他在《战争与和平》的结尾详述娜塔莎的转变——她现在已经结婚并成为四个孩子的母亲,除了拥有一具母性的身体,她的面容失去了以往的生气,甚至灵魂都已不再"可见"。托尔斯泰视母性为女性存在的结局和全部,这一点令许多读者感到失望和愤怒。然而,他对母性的尊重是发自内心的。在《战争与和平》中，他将其呈现得比战场上的荣耀或帝国中的权力更有意义。

但托尔斯泰对娜塔莎作为母亲的自然主义描绘并未就此打住：她"大步走进来"，"穿着睡袍，头发凌乱"，"满脸喜悦地展示婴儿尿布上的黄色（而非绿色）污渍"。这个细节对于很多人来说可能过于夸张了，然而，在《战争与和平》的背景下，这张有黄色污渍的尿布象征着她的宝宝彼得亚战胜了一场让其"命悬一线"的疾病。因此，托尔斯泰通过对身体的细节描写最后一次提醒我们，纵然战死沙场是史诗或悲剧中的常客，但是在家中，人们也会以不那么戏剧化、史诗般和抒情的方式为生命而战。我们都在死亡的阴影下生活着（见本书第四章）。

同荷马和其他史诗诗人喜用修饰语一样，托尔斯泰也有个习惯，他会重复描述某个特定的身体细节，它通常与特定人物的某个身体部位有关。尽管有时候托尔斯泰使用这些修饰语能让读者注意到人物的身体或其他特点，从而让角色栩栩如生，但他常常将这种手法推向极致。在《战争与和平》中，随着对海伦·库拉吉娜的胸部和肩膀的提及越来越多，这个细节开始变得怪异和荒谬。托尔斯泰写道，皮埃尔一直觉得海伦的胸部"像块大理石"，直到这种感觉消失并最终与她结婚。婚后不久，愤怒的皮埃尔威胁着要杀死海伦，他抓着一块大理石板向她挥舞，但他体验到"疯狂的魅力和喜悦"，将大理石板摔碎在地。他们的婚姻也就此结束。托尔斯泰将最初在比喻中出现的大理石再次融入情节，这是他作品中经常出现的又一种手法：他描述的真实世界和他通过比喻创造的想象世界有种诡异的呼应。

在《战争与和平》的开头，安德烈·博尔孔斯基出现时，正在"揉着他那双白皙的小手"，他接着表达了对拿破仑·波拿巴不惜一切手段去实现目标的崇敬。通过这一情节，托尔斯泰揭示了安德烈与拿破仑之间的相通点。（稍后，当拿破仑出场时，托尔斯泰还会提到安德烈白皙的手。）同时，托尔斯泰也将这一身体特征赋予了沙皇重要的顾问米哈伊尔·斯佩兰斯基。后者在托尔斯泰笔下成了俄国版的拿破仑，他凭借卓越才华和野心，也从卑微的身世崛起至权力核心。在提及他白皙的双手之后没几行字，托尔斯泰称斯佩兰斯基在埃尔福特和谈中"不止一次见过拿破仑并与之交谈"。紧接着，他开始在俄国施行拿破仑式的改革。斯佩兰斯基及其举措深深地吸引了安德烈，后者对作为地主、鳏夫和父亲的生活感到厌倦，于是来到了彼得堡。亦有"一双白皙小手"的安德烈是否能够停止崇拜和模仿这些貌似强大的人呢？每当托尔斯泰提及那双手时，他都在引导读者对这一问题展开思考。

陌生化或"新视角"

俄国评论家维克托·什克洛夫斯基在1917年的文章《艺术即技巧》（有时也翻译为《作为手法的艺术》）中，赞扬托尔斯泰尽管不是唯一一位使用被他称为"陌生化"艺术技巧的人，但却实在是一位大师。该技巧通过以一种新的方式呈现读者已经熟悉的东西，使其看起来陌生和奇怪，从而使感知去自动化。相对于直接命名某种东西，艺术家更倾向于描述它。

在被称作"陌生化"之前，托尔斯泰的这种技巧已经引起了广泛注意。他在美国的追随者欧内斯特·克罗斯比在1904年出版的《托尔斯泰及其启示》一书中，特别提到托尔斯泰拥有"一种以前人从未有过的视角去重新审视事物的习惯"。而在1911年，俄国文学评论家维诺肯提·魏列萨耶夫在他的著作中描述了托尔斯泰作品中所运用的"一种极其独特的手法"："就像一个敏锐、观察力过人的孩子观察并描述一种现象，他不拘泥于传统方式，而是展现它本真的面貌，使所有那些习以为常、让人恍惚的传统习俗都从这种现象中消失了，以至于它看起来十分荒谬。"

魏列萨耶夫引用的都是陌生化的经典例子，比如《战争与和平》中描写娜塔莎观看的歌剧：

> 第二幕里有一些图画，上面画着墓碑，画布上有一个圆形洞口代表月亮，灯光的阴影洒在脚灯上……许多人披着黑斗篷，手持匕首之类的东西，从左右两边出现。他们开始挥舞手臂。然后另外一些人冲进来，要把那个原本穿着白衣，现在穿着淡蓝衣服的女子拖走。他们没有立即把她拖走，而是和她一同唱了很久，直至最后才把她拖走，背后的布景里响起三声金属撞击的声音，每个人都跪下来唱起了祈祷歌。

这种陌生化的技巧很自然地适用于对文化和习俗的批判，这种批判植根于托尔斯泰的小说，并在他的非虚构作品中体现得更加明显。通过陌生化这种手法，托尔斯泰抨击了那些被视为公理的假设。他将一切都置于分析之中，并不盲从任何事物。

描绘内心世界

当托尔斯泰的《童年》和《塞瓦斯托波尔故事集》首印出版时，俄国的评论家就注意到托尔斯泰在描绘角色内心世界方面的独特之处。正如德米特里·皮萨列夫所言，托尔斯泰甚至能捕捉到"那些尚未达到意识层面，就连经历者本人也无法完全理解的神秘的、不明确的灵魂触动"。在20世纪初，随着他的小说在俄国境外的知名度越来越高，托尔斯泰对意识的描绘能力更加广为人知。弗吉尼亚·伍尔夫曾写道："托尔斯泰似乎能够读懂不同人的思想，就像我们数别人大衣上的纽扣一样准确。"尽管托尔斯泰对描写某些角色的内心世界特别痴迷，但对于其他很多角色的内心世界，他也会蜻蜓点水，一笔带过。对于托尔斯泰来说，一瞥之下往往足以看透一个灵魂。

在整个写作生涯中，托尔斯泰不断磨炼他的意识呈现技巧，从描绘年轻军官面对塞瓦斯托波尔的第一次炮击时的内心活动，到呈现安娜·卡列尼娜生命最后一刻的所思所想，后者被誉为"意识流"（伍尔夫和现代主义作家钟爱的一种技巧）的原型。在第七部分的最后四章中，托尔斯泰在安娜的意识中穿梭，捕捉到她越来越焦虑时灵魂的神秘活动。这不禁让人想起在小说的第四部分,她分娩后躺在床上奄奄一息时的胡言乱语。这些疯言疯语比她平常说的话更有意义、更真实,让弗朗斯基、卡列宁和她自己在面对死亡时获得了爱与宽恕。

在第七部分,安娜坐着马车穿过莫斯科的街道,后来乘火车穿过莫斯科的周边地区,她反思着自己感受到的爱与孤独,并对周围的环境做出反应。因此,教堂钟声触发了她这样的思考:

> 一切都是卑鄙的。他们为晚祷而鸣钟,那个商人如此孜孜不倦地在胸前画十字——仿佛害怕遗漏了什么东西。这些教堂、钟声和谎言的意义何在?只是为了掩盖我们彼此憎恨的事实,就像这些车夫如此歇斯底里地互相咒骂一样。

由于未能从多莉那里得到慰藉,安娜此刻感到异常地绝望、痛苦和孤独。她审视着自己的世俗依恋对象,并逐一进行了无情的剖析,只不过在托尔斯泰笔下,剖析更有条理。安娜感觉,她对弗朗斯基的爱变得"愈加热烈和自私"。而嬉笑的学童让她想起了自己一直渴望拥有的儿子。

然而现在,她在想,她是如何"被自己对儿子的柔情感动"的,但实际上,她只是"用儿子来换取另一份爱",即她对弗朗斯基的爱。她"对那份爱感到满足",并不想念她的儿子。托尔斯泰将安娜灵魂的"神秘活动"呈现为一个过程。

托尔斯泰会运用多种技巧来读懂角色的心理并揭示给读者。有时,他会引用角色自己的想法,以第一人称的方式呈现,并使用引号。在其他情况下,他会以自己的视角呈现角色的思想,探究他们的内心。但他也经常使用一种被称为"自由间接话语"的技巧,并会插入似乎直接取自角色思想的词语,而不加引号。

例如,在《哈吉穆拉特》中,当沙皇尼古拉一世来到教堂时,赞美之声不绝于耳。然后,托尔斯泰没有提示这是尼古拉自己的想法,而是直接写下这样一句:"这一切都是理所当然的,因为整个世界的幸福和福祉都依赖于他。"尽管这句话并非以第一人称视角呈现,但却明确代表了沙皇自己的观点。愚昧的神职人员和沙皇的支持者可能与此观点一致,但托尔斯泰并不赞成。在这里及在其他地方,托尔斯泰在角色的思想里穿梭,让读者自行寻找角色的真实想法。

时间与情节

托尔斯泰的作品给人一种"生活片段"的印象,部分原因是它们往往没有清晰的开头、中间和结尾。正如弗吉尼亚·伍尔夫所说,当托尔斯泰写的故事结束时,"生活仍在继续"。它们并不像传统小说那样"戛然而止"。在托尔斯泰的小说中,情节往往被淡化:"我们记住的更多的是它们连贯的思想,而非任何事件。"伍尔夫在托尔斯泰身上发现的这些特点启发了她和其他小说家,包括詹姆斯·乔伊斯和威廉·福克纳,他们在 20 世纪创造了新的现代主义小说形式。

托尔斯泰有意偏离了文学体裁的传统规范,以及读者对于统一性、形式和情节的预期。在《战争与和平》第一部分序言的草稿中,托尔斯泰宣称自己不是在写那种以"幸福或不幸的结局"——比如婚姻或死亡——作为高潮的传统小说,因为这将"破坏叙事的趣味"。他的叙事趣味超越了这些传统的结局。托尔斯泰似乎预见了将来会有人抨击他的作品缺乏艺术性。但是,他决心"忠于自己的实践和权力",而不是盲从小说的规范。

托尔斯泰渴望以自然的节奏去捕捉人类经历,他在创作早期就习惯以时间单位（如早晨和年份）为作品命名。因此，在构思和出版《战争与和平》的第一部分时，托尔斯泰就简单地将其命名为《1805年》。他一直遵循业已形成的这种模式。例如，他最早的小说名为《昨天的故事》，他最早的长篇小说三部曲是《童年》《少年》《青年》。原本是最后一部分的内容以夭折的形式发表，名为《一个地主的早晨》。他早期的战争故事以《十二月的塞瓦斯托波尔》《五月的塞瓦斯托波尔》《八月的塞瓦斯托波尔》来命名——都在强调时间，而非情节。

托尔斯泰并不会对某一特定时期进行编年史之类的描述，而是选择性地描述那些能捕捉其本质的时刻。因此，在《童年》《少年》《青年》中，托尔斯泰避开了如狄更斯的《大卫·科波菲尔》（1850）中连续不断的情节，尽管后者在许多方面都是他的重要灵感来源之一。狄更斯以"我出生了"为开篇，一直延续到结婚（再婚），将其作为小说的结局。相比之下，托尔斯泰的《童年》则着眼于三个特定的日子，它们彼此间隔几个月，比如第一个日子是主人公10岁生日后的第三天，每一个日子都记录了他丧母前的情感里程碑。《童年》以主人公的母亲的离世告终。

紧随《童年》之后的是《塞瓦斯托波尔故事集》，它给人一种实地战报的即时感，就像威廉·拉塞尔为《泰晤士报》的读者带来克里米亚战争的报道一样。然而，托尔斯泰并没有像写编年史那样记录事件。相反，随着时间的流逝，我们感受到了故事中的人物变幻的情绪（从坚决到绝望），还看到了一些说教和抒情的片段，它们探索了如何接受"死神在我们上空盘旋"及世事的虚无。

在这一系列故事中，托尔斯泰经常提到时间，提醒读者太阳每天升起又落下，对俄国人如此，对他们的敌人亦如此。这种昼夜的自然更替影响着托尔斯泰笔下人物身体和灵魂的状态。托尔斯泰的小说还探索了自然界的循环变更与人类生活的线性时间引发的认知失调。因此，情绪与季节有关，也与人事相连：随着围城继续、形势恶化，徒劳之感占据心头。最后一个塞瓦斯托波尔故事以1855年8月的战败告终。托尔斯泰的其他主要小说亦沿用了这种模式，例如安德烈·博尔孔斯基和康斯坦丁·列文至少有一段时间忘记了自己已时日无多，因春天的来临而焕发活力，并采取行动。

1853年，托尔斯泰称赞自己"从最开始"就"将作品分小章节来写……每章只表达一个思想或一种情感"。这时，他只发表了《童年》和《袭击》。此后，托尔斯泰继续以创造性的方式使用这些"小章节"。实际上，这些"小章节"对他摒弃传统叙述方式，给人以捕捉真实经历的印象至关重要。例如，在《五月的塞瓦斯托波尔》中，小章节细化了叙事乐趣：它们让托尔斯泰能够塑造更多角色，切换叙事场景，讲述在被困之城的不同地点同时发生的事件，并从多个视角呈现同一事件。托尔斯泰并没有将战争包装成一个简洁的故事，将混乱强行变得有序。相反，他在每个小章节中传达了不同的信息或情绪。然后，读者从这些小章节中拼凑出一个意思，能同时对所写内容的矛盾和复杂性惊叹不已。托尔斯泰的"小章节"技巧与他的多情节小说做到了完美融合。

明喻和对比的力量

乔治·斯坦纳曾提出，陀思妥耶夫斯基的小说让人想到悲剧，托尔斯泰的作品则让人想到史诗。托尔斯泰从史诗中借用了一种修辞手法——明喻，那是一种通常较长的对比。这种手法先标示了故事中某个特定的点，然后将焦点转向别的对比领域，并将其与之前的特定点联系起来，以达成明喻。明喻涉及联想或直觉的跳跃。荷马用明喻将他史诗宇宙中不同的领域联系在一起，涵盖了生活的各个方面。托尔斯泰亦深谙此道。

在《战争与和平》中，明喻经常将战争的领域与和平的领域进行比较，反之亦然。当丽莎·博尔孔斯卡娅看到一位追求她未婚小姑子的求婚者时，她立即行动起来，充当媒人，小说把她比作"一匹听到号角的老战马"，正"准备开始惯常的卖弄风骚的飞奔"。这是托尔斯泰戏谑的方式，表明求爱对女人来说就像战争对男人或者战马一样。然而，在托尔斯泰的小说中，就像在荷马的作品中一样，如果你细细品味一个明喻，它就会引发一连串的思考。伊波利特·库拉金与玛丽亚·博尔孔斯卡娅压根不般配，所以整件事十分荒谬。如果求爱行为如此荒谬可笑，那么，那匹可怜的老马参与的战争呢？

托尔斯泰经常将人比作动物或自然界的其他方面。就像维吉尔在《埃涅阿斯纪》中对迦太基使用的明喻一样，托尔斯泰将拿破仑到来时空无一人的莫斯科比作一座失去女王的蜂巢，并在整章中详细阐述了这个类比。小说还将行进的军队比作自然界中的力量，旨在引导读者逐渐理解托尔斯泰关于人类行动和上帝在宇宙中的角色的理论。这个比喻引发了我们的思考：是不是同样的力量也主宰着自然界和人类世界呢？

在《俄罗斯文学讲稿》中，弗拉基米尔·纳博科夫评论了托尔斯泰式的明喻，说这类明喻都遵循这个公式：某位感觉"像一个……的人"。例如，在《安娜·卡列尼娜》中，卡列宁发现由于安娜对弗朗斯基的热情，他们之间在情感上产生了隔阂，他感到自己就像"回到家里发现门被锁住的人"一样。这些比喻使角色独特的经历更易于被理解，并能启发读者思考。

托尔斯泰痴迷于对比手法的运用，明喻只是其中的一个特例。他在作品中刻画了角色进行对比的心理活动。例如，在《安娜·卡列尼娜》中，吉娣比较了列文和弗朗斯基这两位追求者，先想了想他俩各自的条件，然后将"两人放在一起"思考了一番。在《哈吉穆拉特》中，沙皇尼古拉想到他刚刚引诱的年轻女子的惊恐表情，以及"他现在的情妇内利多娃那魁梧有力的肩膀"，然后"将两者进行对比"。

年轻时，托尔斯泰已经认识到对比的过程对人类思维的运作至关重要。在1847年春天（当时他正从喀山联邦大学办理退学）写的一篇笔记中，托尔斯泰提出了一个在各个方面进行自我完善的计划，确定了"五种主要的心理能力",它们是:"概念化的能力,记忆的能力,对比的能力,从这些对比中得出结论的能力,最后,厘清这些结论的能力。"从日记的其他部分可以看出,托尔斯泰特别钟情于对比。对他来说,人类思维并不仅是线性的,不仅是一件事与另一件事直接关联。他意识到人类思维是跳跃的,并且想把这个特点运用到自己的艺术创作中。

隐藏的对称性

年轻时的托尔斯泰写过一篇关于对称性的"哲学论文"。对称性是美学中一个基于相似性和对立性的基本概念。可惜这篇文章的手稿并未留存。然而,在《少年》中,主人公尼古拉手握粉笔思考对称性,想知道对称性是不是一种天生的感觉,以及人类的生活是否受其支配。在投身写作后,托尔斯泰运用了基于对比、对立和对称性的心理法则、美学思想与艺术手法,这些概念是他在年轻时期的哲学和美学探索中识别与阐述的。

在比明喻和对比更大的结构中,托尔斯泰围绕隐藏的对称性构建场景,有时甚至塑造整个故事情节,引发读者进行比较,并在相似或对比中找到意义。他的作品结构常常依赖珀西·卢伯克抱怨过的"图像对比":至少两个情节或场景并不通过戏剧性的情节产生交集,而是需要读者主动进行比较。

正如《战争与和平》这个书名所暗示的,托尔斯泰对二元对立深深着迷。从这个书名开始,他采用多种艺术手法引导读者比较和对照一系列看似平行但实际对立的现象,如战争与和平、战斗与求爱、法国人与俄国人、朋友与敌人、男性与女性、主人与仆人、人类与动物等。他引导我们深入思考这些对立关系:它们对于我们的思维方式和生活方式有何启示呢?

在《战争与和平》中,托尔斯泰将统领俄军的库图佐夫描述为拿破仑的反面人物,后者刚刚加冕为法国皇帝。在刻画库图佐夫时,托尔斯泰并不只是在简单地陈述事实,还有意地强调二者的对立。这种对比在小说中非常明显。举例来说,在博罗季诺战役前,托尔斯泰描写了两人对同一幅画的反应:库图佐夫与其他人一起虔诚地跪在抱着圣婴的圣母神像前;在接下来的场景中,我们看到拿破仑在欣赏一幅为他胖嘟嘟的蹒跚学步的儿子所作的画像,画名被戏称为"罗马之王",画中,他的儿子手持一根棍子在玩一只球,棍子代表权杖,球代表地球,这个寓意对于拿破仑而言"十分明确且让他愉悦"。托尔斯泰巧妙创造了这些既相似又对立的场景，我们不仅可单独解读，放在一起理解时，亦能发现更多意义。

《安娜·卡列尼娜》中那句著名的开篇语——"幸福的家庭家家相似，不幸的家庭各各不同"——表明托尔斯泰在这部小说中与在《战争与和平》中一样，不仅对看似对立的现象的并置感兴趣，而且乐于比较那些看似属于同一类别（不幸的家庭）的现象，以揭示其中的差异。细细品味《安娜·卡列尼娜》，我们就会发现其中蕴含着丰富的并列和对比。托尔斯泰常常将两三个角色或情境并置。

他在《安娜·卡列尼娜》中善于将不同情节进行对比，这点为人所熟知。经常有读者评论《安娜·卡列尼娜》的情节松散。事实上，在其他多情节小说中，比如查尔斯·狄更斯或乔治·艾略特的作品中，情节往往是交织的，有时甚至融为一体。但托尔斯泰没有采用这种模式。亨利·詹姆斯因抱怨托尔斯泰小说结构松散而闻名，但他并非唯一或首个这样评价的人。1886年，西奥多·罗斯福在给妹妹的一封信中写道："这本书里有两个完全不同的故事。列文的故事与安娜的故事之间的联系微乎其微，甚至可以说这种联系根本没有必要存在。"托尔斯泰对《安娜·卡列尼娜》情节的处理方式让像罗斯福和詹姆斯这样的读者觉得小说的结构似乎杂乱无章,这会让他们质疑托尔斯泰的作品缺乏统一性。但实际上,托尔斯泰的处理方式绝非随意或没有艺术性(见图7)。

图7 托尔斯泰在《安娜·卡列尼娜》手稿中作的画

托尔斯泰有意挖掘了所有看似逼真的随机细节，创造了他所说的"无尽的联系迷宫"，使整部小说浑然一体。同样，他也为《安娜·卡列尼娜》设计了一种隐藏的艺术结构。形式主义评论家鲍里斯·艾亨鲍姆写道，这本小说"建立在非常开放和简单的两条平行线上"，两条线由虚线连接。但实际上，托尔斯泰认为《安娜·卡列尼娜》是一栋建筑。当他的朋友谢尔盖·拉钦斯基遗憾地表示托尔斯泰将情节分开而不是联系起来时（后者会使小说更加符合传统），托尔斯泰却坚定地表示他对《安娜·卡列尼娜》的结构感到自豪：他为此曾煞费苦心。他解释说，《安娜·卡列尼娜》的结构并不依赖外部的关联，比如不同情节中人物的相遇，而是依赖内在的相似性或对立性。他解释说，情节之间的联系存在于表面之下，因此是"隐藏"的。

托尔斯泰大胆地隐藏了《安娜·卡列尼娜》中情节之间的联系，这一特点后来为现代小说家们所借鉴。例如，弗吉尼亚·伍尔夫的《达洛维夫人》同时讲述了克拉丽莎·达洛维夫人及塞普蒂默斯·沃伦·史密斯的故事，前者是一位国会议员的妻子，后者则是一位饱受战争创伤的退伍军人；两者从未相遇，但伍尔夫像托尔斯泰一样，迫使读者去思考他们人生的相关性。

托尔斯泰没有直接揭示情节之间的联系，他将这一任务交给读者，让他们在阅读过程中（甚至在合上书后）记住所有的角色和情节。读者在阅读《安娜·卡列尼娜》时需要单独阅读每个"小章节"，同时将其作为一个序列中的一环，并与其他章节关联。事实上，托尔斯泰要求读者动用所有的"心理能力"，即他在青年时期确定的五种能力："概念化的能力、记忆的能力、对比的能力、从对比中得出结论的能力，以及厘清这些结论的能力。"因此，托尔斯泰要求读者在小说的任何一段描写上将他的描述概念化，而且在继续阅读的过程中，即使换了场景或角色，仍将之前读的内容牢记于心，然后进行对比、得出结论，并试图令其条理清晰。

因此，在小说的第八部分，当我们欣慰地看到吉娣和列文及他们的亲人待在庄园里时，我们仍会想到奥布隆斯基家族岌岌可危的状态。最重要的是，我们还会想起在第七部分的结尾，安娜·卡列尼娜穿过莫斯科和周边街道时，深感世间充斥着仇恨。这些场景有何相似之处？它们又是如何关联的呢？

托尔斯泰巧妙地聚集了所有能让他的作品精妙绝伦的

艺术手法，创作了一部小说。事实上，这部小说让读者变成了蚂蚁兄弟，不论他人在何地、身处何境，思考的不仅是此时此地、当务之急，还会心系其他人，心系苍穹之下所有团结于爱的上帝子民。

第八章

托尔斯泰不能沉默

在最后的30年里,从《忏悔录》(1879—1882)到《我不能沉默》(1908),托尔斯泰摒弃了小说的形式,经常以第一人称大声疾呼。这些作品得到了广泛传播。托尔斯泰的文章出现在世界各地的报纸上,新闻报道了他的事迹,还有他位于亚斯纳亚·波利亚纳庄园的访客的见闻。

在《我不能沉默》中,托尔斯泰大胆发声,想要动员和激励包括沙皇在内的全球读者。随着他的生命走到尽头,这种意图变得更加迫切。在俄国,刊登摘录的报纸会被罚款,但人们仍能通过非法印刷品传播他的声音。在国外,该作品出现在众多报纸上,比如《纽约时报》。作为他晚年风格的典型代表,《我不能沉默》以极端而高度浓缩的形式展现了托尔斯泰小说的手法、技巧和主题,这些元素赋予了他的作品强大的力量。托尔斯泰回到了他从一开始就提出的有关爱、死亡、兄弟情谊和他人痛苦的问题上(见图8)。

图8 出自 1908 年 7 月 19 日《纽约时报》,图中文字为"我不能沉默——托尔斯泰伯爵"

在《我不能沉默》中,托尔斯泰写道,自己在1908年5月9日的报纸上获悉:"意图抢劫!二十名农民因袭击伊丽莎白格勒区一个地主的庄园而被绞死。"他每天都能见到这样的新闻,已经持续了"不止几个月",而是"几年之久"。

1902年,托尔斯泰写信给沙皇,称其为"亲爱的兄弟",并劝告他采取镇压措施只会让情况变得更糟,自那以后,政治动荡不断加剧。1905年爆发革命后,动荡局势持续升级。在俄国,曾一度被废除的处决行为变得司空见惯。正如托尔斯泰所说,政府以维护公众利益为由为这些处决行为正名。他当时住在俄国,于是这些绞刑看起来就是为了他的"福祉"——保护他的生活享有特权——而存在的。

绞刑场景的陌生化处理

在《我不能沉默》的开篇,托尔斯泰生动地描述了这些农民被绞死的场景。然而,他没有将他们称作二十个农民,而是"以劳动养活我们的二十个人"和"被我们掠夺的二十个人"。他一步步地分解行刑过程,同样没给命名。行刑人将肥皂溶于水中,然后将肥皂水涂抹在绳圈上,"这样可以变得更紧"。托尔斯泰叙述道:"一位长发男子走向他们,身披金银布制成的法衣和圣带,手持十字架……""对着那些即将被别人用绳索勒死的人,这位长发男子说了一些关于上帝和基督的话。"

这一节的最后是:"然后,一个接一个地,活人脚下的长凳被抽离,自身重量将他们向下拉,绳索突然紧紧勒住他们的脖子,他们痛苦地窒息而死。在一分钟之前还鲜活的人们,此刻成了悬挂在绳索上的尸体,起初慢慢晃动,然后一动不动。"这是托尔斯泰运用陌生化手法的一个经典案例。在这里,他运用这种手法来谴责、揭露,同时也"刺痛我们的良知"。(见本书第七章"陌生化或'新视角'"一节。)

托尔斯泰关注的是如何为这些处决和其他形式的国家授权的暴力(比如《复活》中描述的刑罚体系)承担责任。决定惩罚的人并不受惩罚,其他人则被迫参与其中。由于"执行者分担了这些不义行为的责任","每个人都可以这样思考,并声称这不是他的责任"。在这里,托尔斯泰回到他在《战争与和平》中探讨过的议题,即由多人合力行动而引发的事件。对于托尔斯泰而言,这种暴力并非无人负责,而是每个人都有责任。他希望每个人都能承担责任。

记住你是谁!

在《我不能沉默》中,托尔斯泰审视了他对维持自己生活的那些"可怕行为"和"可怕罪行"的内疚感。他坦言:"虽然这么说很荒唐,但不可否认的是这一切都是因为我才发生的,而且我参与了这些可怕的行为。我没办法不去想,我宽敞的房间、晚餐、衣服、休闲(方式)和为了除掉想要夺取我拥有之物的那些人而造成的可怕罪行之间,有着无可争辩的关联。"托尔斯泰使用了他最喜欢的另一种技巧,即对比迥然不同的场景或现实,并指出它们之间的联系(详见第七章"隐藏的对称性"一节)。在这里,他将自己的舒适与他人的苦难紧密相连。

托尔斯泰并不否认"革命者犯下的暴行是可怕的",但他认为政府的回应同样不可取。这些处决行为证实了他小时候在得知农民被殴打时的怀疑:暴力是执行现有秩序的手段,在庄园如此,对帝国亦如是。因此,他宣称:

> 不可能这样生活!我,无论如何,都不能,也不会这样生活。因此我写下此文,并不遗余力将其传遍俄国乃至全球,直至发生下述两件事情之一:要么这些非人事件得以终止,要么切断我与此类事件的联系,将我关进监狱……或者……像对待那十二个或二十个农民一样,也给我穿上囚衣,戴上头套,踢开长凳,用我自身的

重量，让浸过肥皂水的绳索紧紧勒住我那年迈的脖子。

在这里，托尔斯泰升华了美国作家亨利·大卫·梭罗（他的肖像就挂在托尔斯泰的书房里）在文章《论公民抗命》中提出的论点："政府若可恣意监禁任何人，正直之人的唯一去所亦在监狱。"在《复活》中，托尔斯泰的主人公在回忆起这句话时表示赞同。

托尔斯泰依然怀抱希望，相信"这些非人事件"会终止。他向沙皇和其他人发声："然而，你们当中的任何一个——从司法部部长到总理乃至沙皇——作为日日上演的罪行的间接参与者，似乎都没有意识到自己的罪恶，或者因参与这些可怕的行为而感到羞耻。"在《我不能沉默》中，托尔斯泰妙笔生花，极尽谴责之辞，以唤起他们内心的罪恶感和羞耻心。

然而，在《我不能沉默》临近尾声之际，托尔斯泰呼吁所有人——从沙皇到刽子手，再到读者——记住他们都是人，"今日我们有幸一窥神的国度，但明日这一切或将消逝"。他们应当"按照上帝派遣他们来到这个世界的旨意"度过余生，而"那个旨意只有一个"：让我们彼此关爱。

当全世界都准备在托尔斯泰八十寿辰之际向他致敬时,他仍在呼吁停止愤怒和杀戮,并本着蚂蚁兄弟的精神,发出了最后一声响彻人间的呼吁:"兄弟们!醒悟吧,反省吧,明白自己在做什么!记住你是谁!"

致谢

给托尔斯泰作传颇有挑战性。对于那些帮助过我的人,我深表感激。我要感谢牛津大学出版社的安德里亚·基根、珍妮·努吉等人的指导和见解,以及外部读者的建议。我还要感谢劳伦·霍斯特和米兰·特鲁宁,正是他们睿智而清晰的指点使这本书言简意赅、直扣人心。

不管是独处还是在课堂与学生一道,探索托尔斯泰小说的迷宫,都能让我乐在其中。托尔斯泰在他的小说中探讨的爱情、死亡、和平、战争、信仰、社会公正、人权和艺术等问题,不仅使他的文字充满张力,也赋予他的人生盎然生机。托尔斯泰能以不同方式去激励和调动大众，我对此叹为观止。多年来，我的学生、老师、同事、朋友、亲人，以及很多学者与陌生人同我分享了他们对托尔斯泰及他所提问题的看法，我也从中获益匪浅。

　　这本书的出版，部分得益于哥伦比亚大学哈里曼研究所的资助。

年表

1828年，列夫·尼古拉耶维奇·托尔斯泰在亚斯纳亚·波利亚纳庄园出生。在兄弟中排行老四。

1830年，他的母亲产下一名女婴。同年晚些时候，母亲去世。

1833年，他的长兄尼古拉发明了"蚂蚁兄弟"游戏。

1837年，他的父亲去世。孩子们的姑姑成为监护人。

1841年，作为监护人的姑姑去世。托尔斯泰和他的兄弟姐妹搬到喀山与另一位姑姑一起生活。

1844年，进入喀山联邦大学学习东方语言，后转到法学专业。

1847年，开始写日记，继承亚斯纳亚·波利亚纳庄园，从大学辍学。接下来的几年间在亚斯纳亚·波利亚纳、莫斯科和彼得堡生活。

1852年，同尼古拉一起去了高加索。《童年》出版。在高加索参军。

1853年，创作《袭击》。

1854年，创作《少年》。

1854—1855年，克里米亚战争期间，托尔斯泰身在塞瓦斯托波尔及其周边（为海军基地与要塞）。

1855—1856年，创作《塞瓦斯托波尔故事集》。

1857年，前往西欧。与屠格涅夫同在巴黎。目睹断头台行刑后逃往瑞士。（回到俄国后）差点儿被一头熊杀死。

1859年，在自己的庄园创办农民学校。

1860年，再次前往西欧。守护即将去世的尼古拉。一个名叫阿克辛尼娅·巴兹基娜的农妇给托尔斯泰生了一个儿子。

1863年，与索菲亚·安德烈耶芙娜·贝尔斯结婚。在接下来的25年中，她生育了13个孩子（其中6人先于托尔斯泰去世）。

1863—1869年，创作《战争与和平》。

1869年，经历阿尔扎马斯的恐慌。

1873年，在萨马拉省从事饥荒的救援工作。

1873—1877年，创作《安娜·卡列尼娜》。

1877年，研究重心转向宗教。

1879—1884年，创作《忏悔录》、《福音书摘要》和有关福音的一部长篇作品《四福音书的合编及翻译》。创作《我的信仰》。

1881—1882年，在莫斯科当志愿普查员。开始创作《我们该如何做？》。

1883年，拒绝担任陪审员。

1886年，发表了《一个人需要多少土地》和《伊凡·伊里奇之死》。

1888年，成为素食主义者。提倡节制。宣扬禁欲。

1889年，创作《克莱采奏鸣曲》。

1891—1893年，参与饥荒的救援工作。

1893年，创作《天国在你心中》。

1894年，甘地在南非阅读了《天国在你心中》。欧内斯特·霍华德·克罗斯比访问亚斯纳亚·波利亚纳庄园。

1896 年,简·亚当斯拜访托尔斯泰。

1897 年,创作《什么是艺术?》。

1899 年,创作《复活》。

1900 年,创作《一定如此吗?》。

1901 年,被俄国正教会开除教籍。

1902 年,写信给沙皇,称呼他为"亲爱的兄弟"。

1904 年,完成《哈吉穆拉特》(1912 年出版)。

1904—1905 年,日俄战争。创作《反思你自己》。1905 年,俄国爆发革命。

1908 年,创作《我不能沉默》。庆祝 80 岁生日。

1909—1910 年,与甘地通信。

1910 年,托尔斯泰离开家,因肺炎在阿斯塔波沃去世,后葬于亚斯纳亚·波利亚纳庄园的绿棒旁。

托尔斯泰作品的相关参考资料

这本书引用了托尔斯泰部分作品的英文译著,偶有措辞调整。托尔斯泰的文章及信件(除非另有说明),出自托尔斯泰90卷俄文全集 (Tolstoi, Lev., *Polnoe sobranie sochinenii*, 90 vols. Moscow: Khudozhestvennaia literatura, 1928–58)。

'Alyosha Pot', in *The Death of Ivan Ilyich and Other Stories*, trans. Nicolas Pasternak Slater (Oxford: Oxford World's Classics, 2015), 149–54.

Anna Karenina, trans. Rosamund Bartlett (Oxford: Oxford World's Classics, 2014).

Childhood, Boyhood, Youth, trans. Judson Rosengrant (London: Penguin, 2012).

Confession, in *A Confession, The Gospel in Brief, and What I Believe*, trans. Aylmer Maude (London: Oxford World's Classics, 1971), pp. 1–84.

'Death of Ivan Ilyich', *The Death of Ivan Ilyich*

and Other Stories, trans. Nicolas Pasternak Slater (Oxford: Oxford World's Classics, 2015), 149–54.

The Gospel in Brief, in *A Confession, The Gospel in Brief, and What I Believe*, trans. Aylmer Maude (London, Oxford World's Classics, 1971), pp. 96–302.

Hadji Murat [*Hadji Murad*], in *The Kreutzer Sonata and Other Stories*, trans. Aylmer Maude, Louise Maude, and J. D. Duff (Oxford: Oxford World's Classics, 2009), pp. 344–467.

'I Cannot Be Silent', *Recollections and Essays*, trans. Aylmer and Louise Maude (London: Oxford University Press, 1937), pp. 395–412.

The Kingdom of God Is Within You: Christianity Not as a Mystic Religion but as a New Theory of Life, trans. Constance Garnett (Lincoln, Nebr.: University of Nebraska Press, 1984).

'The Kreutzer Sonata', *The Kreutzer Sonata and Other Stories*, trans. Aylmer Maude, Louise Maude, and J. D. Duff (Oxford: Oxford World's Classics, 2009), pp. 85–177.

'Need It Be So?' in *The Complete Works of Count Tolstoy: Miscellaneous Letters and Essays*, trans. Leo Wiener (Boston: Dana Estes, 1905).

'The Raid', *The Raid and Other Stories*, trans. Louise and Aylmer Maude (Oxford: Oxford World's Classics, 1982), pp. 1–28.

Resurrection, trans. Louise Maude (Oxford: Oxford World's Classics, 1994).

'Sevastopol in December', 'Sevastopol in May', 'Sevastopol in August 1855', *Collected Shorter Fiction*, trans. Louise and Aylmer Maude (New York: Knopf, 2001), 1:81–204.

War and Peace, trans. Louise and Aylmer Maude, rev. Amy Mandelker (Oxford: Oxford World's Classics, 2010).

What I Believe, in *A Confession, The Gospel in Brief, and What I Believe*, trans. Aylmer Maude (London: Oxford World's Classics, 1971), pp. 303–539.

What Then Must We Do?, *The Works of Leo Tolstoy*, trans. Aylmer Maude, introd. Jane Addams (London: Oxford University Press, 1934), vol. 14.

参考资料

第一章 从蚂蚁兄弟到普爱世人

作家、思想家、圣人

Hemingway wished that Turgenev had written *War and Peace* in a letter to Archibald Macleish (20 December 1925) and he declared Tolstoy the best writer on war while rejecting 'ponderous and Messianic thinking' in the introduction to his 1942 anthology *Men at War*. Mark Twain's comment about 'bring[ing] down Tolstoy' is found in his *Notebooks and Journals*, ed. Frederick Anderson (Berkeley: U California P, 1979), vol. 3, p. 240. William Dean Howells's comments were in his 'Editor's Study', *Harper's Monthly Magazine*, vol. 72 (Dec. 1885–May 1886), pp. 808–10.

蚂蚁兄弟与绿棒

Many biographers and scholars discuss the importance of Ant Brothers and Tolstoy's yearnings for universal love; illuminating for me has been the work of Richard

Gustafson on Tolstoy as 'resident and stranger' (*Leo Tolstoy: Resident and Stranger* (Princeton: Princeton UP, 1986) and of Anne Hruska on 'belonging and exclusion' in Tolstoy's novels (*Infected Families: Belonging and Exclusion in the Works of Leo Tolstoy*, dissertation, University of California, Berkeley, 2001).

第二章 托尔斯泰的战争与和平观

In his poem '*Dulce et decorum est*' the English poet of the First World War Wilfred Owen, after describing a gas attack, declared the Roman poet Horace's lines about it being sweet and fitting to die for one's country to be 'an old lie' told 'to children ardent for some desperate glory'. On Tolstoy's early war stories in relation to his later pacifism, see Liza Knapp, 'The Development of Style and Theme in Tolstoy', in D. Orwin, ed., *The Cambridge Companion to Tolstoy* (Cambridge: Cambridge UP, 2002), pp. 159–75.

托尔斯泰和他的前辈们

In *Tolstoy or Dostoevsky: An Essay in the Old Criticism* (New York: Dutton, 1971), George Steiner, contrasting Dostoevsky's 'tragic world view' to Tolstoy's epic one, explores Tolstoy's ties to Homer. Steiner quotes Gorky on p. 71. The French critic cited is Alphonse Séché, *Stendhal* (Paris: Société des Éditions Louis-Michaud, [1912]), p. 110; Boris Eikhenbaum refers to these comments in *The Young Tolstoy*, trans. Garry Kern (Ann Arbor: Ardis, 1982), p. 81. For Fabrice's view of war after the battle of Waterloo, see Stendhal, *The Charterhouse of Parma*, trans. Roger Pearson (Oxford: Oxford World's Classics, 2009), p. 55. Tolstoy made his comments about Stendhal in an interview with Paul Boyer in 1901. They are cited in Paul Birukoff, *Leo Tolstoy: His Life and Work* (New York: Scribner, 1906), 1:199. Carl von

Clausewitz had also used this device in his treatise *On War* (1832). In Part 1, chapter 4 'The Danger of War', Clausewitz makes readers into war tourists: 'Let us accompany a novice to the battlefield', then describes the danger as a novice would experience it. See: <https://www. clausewitz.com/readings/OnWar1873/BK1ch04.html#a>.

战争本相与塞瓦斯托波尔的死亡阴霾

William Russell writes of having been 'honoured with abuse for telling the truth' in *Dispatches from the Crimea* (London: Frontline, 2008), p. 163. Tolstoy's appreciation of the 'plain unsung hero' was noted by Peter Kropotkin and quoted by Aylmer Maude in *Leo Tolstoy: The First Fifty Years* (New York: Dodd, 1910), p. 133. For Walt Whitman on the hospital as the site where the 'real war' is witnessed, see his *Memoranda during the War* (Camden, NJ, 1875–6), p. 5. <https://whitmanarchive.org/published/other/memoranda.html>.

《战争与和平》中对拿破仑的亦仿亦伐

On Napoleon and the novel, see Franco Moretti, *Way of the World: The Bildungsroman in European Culture* (New York: Verso, 2000), p. 76. The Russian novel has had a complicated relation to Napoleon: the plots of some of the precursors to *War and Peace*, such as Pushkin's *Eugene Onegin*, Lermontov's *Hero of our Time*, Gogol's *Dead Souls*, have heroes that imitate and admire Napoleon (and suffer from it). And Dostoevsky's *Crime and Punishment*, which was published serially as *War and Peace* was starting to appear, features a hero who imagined there was such a thing as 'extraordinary people', Napoleon among them, who had the right to kill in order to bring some new idea to the world. For Tolstoy's views on great men, war, and history, see Isaiah Berlin, *The Hedgehog and the Fox* (New York: Simon & Schuster, 1986 [1953]).

如何讲述真实的战事？

'How to Tell a True War Story' is the title of a war story by Tim O'Brien in *The Things They Carried* (New York: Houghton, Mifflin, 1990). Berlin discusses how accounts of battles differ from 'what really occurred' on pp. 15–16.

第三章 爱

Tolstoy reported weeping at the bed of the prostitute in conversation with M. A. Shmidt, c.1898; see N. N. Gusev, *Lev Nikolaevich Tolstoi: Materialy k biografii s 1828 po 1855 god* (Moscow: A. N. SSSR, 1954), pp. 168–9. Lydia Ginzburg characterized Tolstoy's prose as 'autopsychological' in *On Psychological Prose*, trans. Judson Rosengrant (Princeton: Princeton University Press, 1991), p. 198. For discussion of Tolstoy's 'autopsychological prose', see Richard Gustafson, *Leo Tolstoy: Resident and Stranger* (Princeton: Princeton University Press, 1986). Freud addresses the problem of neighbourly love in *Civilization and its Discontents*, trans. James Strachey (New York: Norton, 1961), pp. 100–1.

《战争与和平》中的情爱、婚姻和家庭幸福

Boris Eikhenbaum discusses Tolstoy's intention to end *War and Peace* 'with all possible marriages resolving all the family conflicts and unraveling all the knots of the plot' in *Tolstoi in the Sixties*, trans. Duffield White (Ann Arbor: Ardis, 1982), pp. 147–8. For the contrast between the vitality of the Russian family and the 'system' of Napoleon and the French, see John Bayley, *Tolstoy and the Novel* (Chicago: U Chicago P, 1966), pp. 62–176.

《安娜·卡列尼娜》中的通奸和婚姻

Matthew Arnold compares *Anna Karenina* to *Madame Bovary* in his 1887 essay 'Count Leo Tolstoi', reprinted in Henry Gifford, ed., *Leo Tolstoy* (Harmondsworth: Penguin, 1971), pp. 60–80. See pp. 69–70. For Emma Bovary passionately kissing the crucifix, see Gustave Flaubert, *Madame Bovary*, trans.

Malcolm Bowie (Oxford: Oxford World's Classics, 2008), pp. 288–9.

《克莱采奏鸣曲》中的性丑闻

When a hawker went on trial in Philadelphia for selling 'The Kreutzer Sonata', the judge read the story and concluded that while it 'contains some very absurd and foolish views on marriage', and while 'it may shock our ideas of the sanctity and nobility of that relation', it was not 'obscene libel'. See: *New York Times*, 25 September 1890, 'Count Tolstoi Not Obscene'. William Stead made his claim about noble Anglo-Saxon love in *Review of Reviews*, 1890. In 'The Kreutzer Sonata', Pozdnyshev complained of the hypocrisy of the English about sexual mores: they make such a pretence of their chastity that they start to believe that they are in fact 'moral people' and 'live in a moral world' (5, 100). Chekhov comments on 'The Kreutzer Sonata' in a letter to Alexei Pleshcheev, 15 February 1890, in Gifford, ed., *Leo Tolstoy*, p. 97. For the impact on Zhivago and his friends of 'The Kreutzer Sonata', see Boris Pasternak, *Doctor Zhivago*, trans. Manya Harari and Max Hayward (New York: Pantheon, 1997), p. 40.

从性罪恶感到责任与复活

Pavel Biryukov reports on his conversation with Tolstoy about sexual guilt and discusses its impact on his fiction in ch. 8 of 'Autobiographical Elements in L. N. Tolstoi's Works', in *Tolstoi's Love Letters*, trans. S. S. Koteliansky and Virginia Woolf (Richmond: Hogarth Press, 1923).

第四章 死亡

临终前安德烈的爱与原谅

'How does Count Tolstoy know this [what it is like to die]?' was Konstantin Leontiev's question in *The Novels of Count L. N. Tolstoy* (1890), quoted in Gifford, ed., *Leo Tolstoy*, p. 88. Mikhail Bakhtin discusses Tolstoy's 'passion' for depicting death in 'Towards a Reworking of the Dostoevsky Book' in *Problems of Dostoevsky's Poetics*, trans. Caryl Emerson (Minneapolis: U of Minnesota Press, 1984), p. 289.

《安娜·卡列尼娜》中的 Memento mori.

For Dostoevsky's comments on how the proximity of death affects Anna, her lover, and her husband, see the excerpt from his *Diary of a Writer*, trans. Boris Brasol (1949), as quoted in Gifford, ed., *Leo Tolstoy*, pp. 49–50. Matthew Arnold's comment is from 'Count Leo Tolstoi', also in Gifford, ed., p. 68.

列文和死亡

Blaise Pascal writes of the infinite abyss that only faith will fill in fragment #181 of the Sellier edition. See *Pensées and Other Writings*, trans. Honor Levi (Oxford: Oxford World's Classics, 2008), pp. 51–2.

列夫·托尔斯泰之死

Tolstoy's letter to his wife on his rationale for leaving home is quoted from Paul Birukoff, *The Life of Tolstoy* (London: Cassell, 1911), p. 149.

On Tolstoy's death see William Nickell, *The Death of Tolstoy: Russia on the Eve, Astapovo Station, 1910* (Ithaca, NY: Cornell UP, 2010).

第五章 托尔斯泰的信仰

For the text of Turgenev's letter to Tolstoy (July 1883), see Gifford, ed., *Leo Tolstoy*, pp. 55–6.

摆脱教条和神秘主义的基督教

On the continuity in Tolstoy's thought, see Richard Gustafson, *Leo Tolstoy, Resident and Stranger* (Princeton: Princeton UP, 1986) and Inessa Medzhibovskaya, *Tolstoy and the Religious Culture of his Time: A Biography of a Long Conversion* (Lanham, Md: Lexington Books, 2009). Sophia Tolstoy reacted to her husband's description of the Eucharist in *Resurrection* in her diary on 26 January 1899. I cite from *Diaries of Sophia Tolstoy*, trans. Cathy Porter (New York: Random House, 1985), p. 371. The excerpts she quotes are perfect examples of the device Shklovsky called 'defamiliarization'. (See Chapter 7.)

俄国正教会的教义和实践与耶稣的教导相悖

I cite the translation of Tolstoy's diary entry of 22 May 1878 from Aylmer Maude's *The Life of Tolstoy. Later Years* (New York: Dodd Mead, 1911), p. 4.

托尔斯泰的福音

For discussion of Tolstoy's Jesus, see Hugh McLean, 'Tolstoy's Jesus', in *In Quest of Tolstoy* (Brighton, Mass.: Academic Studies Press, 2008), pp. 117–42. McLean cites Tolstoy's remark about not caring whether Jesus was resurrected, as reported by I. M. Ivakin, on pp. 122–3. (See also 24:980.) G. K. Chesterton complained about Tolstoy's 'cutting up' of Jesus's teaching in: 'Tolstoy and the Cult of Simplicity', in *Varied Types* (1903), p. 142. Chesterton argues that Tolstoy destroyed what he considered to be the best feature of Jesus's teaching: its 'absolute spontaneity'. Chesterton still considered Tolstoy's 'Christianity' to be 'one of the most thrilling and dramatic incidents in our modern civilization'. Ernest Howard Crosby comments on Tolstoy's reworking of the gospel in *Tolstoy and his Message* (London: Arthur C. Fifield/Simple Life Press, 1904), p. 26.

"但谁是我的邻居?"

Tolstoy warns against 'ratiocination' about who one's neighbour is in his *Four Gospels Harmonized* (24:666). Sophia Tolstoy's observation about Tolstoy acquiring 'millions of people' as brothers is from: *Diaries,* trans. Cathy Porter (New York: Random House, 1985), p. 854 (translated emended).

非暴力主义：不止于客西马尼、亚斯纳亚·波利亚纳

Ernest Howard Crosby reports on 'the jam and the stick' in *Tolstoy as Schoolmaster* (London: Arthur Fifield, Simple Life Press, 1904), pp. 67–70.

托尔斯泰宗教作品的影响

On the impact on Gandhi of Tolstoy's *The Kingdom of God*, see: Joseph Lelyveld, *Great Soul: Mahatma Gandhi and his Struggle with India* (New York: Vintage, 2012), p. 36. John Coleman Kenworthy's comment on Tolstoy's impact in England is from: *Tolstoy: His Life and Works* (London; Walter Scott Publishing Company, 1902), pp. 39–40. On the activities of Tolstoy's disciples, see Charlotte Alston, *Tolstoy and his Disciples: The History of a Radical International Movement* (London: I. B. Tauris, 2014). On Tolstoy's impact on Wittgenstein, see Irina Paperno, '*Who, What Am I?*' *Tolstoy Struggles to Narrate the Self* (Ithaca, NY: Cornell University Press, 2014), pp. 78–9 and Ray Monks, *Ludwig Wittgenstein: The Duty of Genius* (New York: Macmillan, 1990).

第六章　我们该如何做？

In 'Need It Be So?', 'What Then Must We Do?', and other works, Tolstoy tasks his reader with the same reckoning that Susan Sontag calls for in *Regarding the Pain of Others* (New York: Farrar, Straus, & Giroux, 2004): she is not after sympathy, which 'proclaims our innocence as well as our impotence', but 'reflection on how our privileges are located on the same map as [the] suffering [of others], and may—in ways we might prefer not to imagine—be linked to their suffering, as the wealth of some may imply the destitution of others'.

谁应该拥有土地？

For James Joyce's praise of 'How Much Land Does a Man Need', see *Selected Letters*, ed. Richard Ellman (New York: Viking, 1975), pp. 372–3.

For George Orwell on Tolstoy, see: 'Lear, Tolstoy, and the Fool', *The Orwell Reader: Fiction, Essays, and Reportage* (New York: Harcourt, 1984), pp. 300–14.

托尔斯泰与莫斯科的穷人

Aylmer Maude calls *What Then Must We Do?* Tolstoy's most 'soul-stirring' work. See *The Life of Tolstoy: The Later Years* (New York: Dodd, 1911), pp. 100–1. On Siutaev and Tolstoy, see pp. 67–75 of N. N. Gusev, *Lev Nikolaevich Tolstoi: Materialy k biografii s 1881 po 1885 god* (Moscow: Nauka, 1970).

托尔斯泰论劳动和简朴生活

In *What Then Must We Do?* Tolstoy praised Bondarev and Siutaev together, writing: 'In my whole life two Russian thinkers have had a great moral influence on me, enriched my thought, and cleared up my outlook on life. These men were not Russian poets, or learned men, or preachers—they were remarkable men who are still living, both of them peasants' (38, 320). Matthew Arnold comments on Tolstoy's manual labour in: 'Count Leo Tolstoi', *Essays in Criticism* (1888), reprinted in Gifford, ed., *Leo Tolstoy*, p. 80. Sergii Bulgakov responds to *What Then Must We Do?* in S. N. Bulgakov, 'Prostota i oproshchenie', *O religii L'va Tolstogo. Sbornik statei* (Paris: YMCA, 1978; reprint of Moscow, 1912 edition), p. 114.

On Gandhi and Tolstoy: see Martin Green, *Tolstoy and Gandhi: Men of Peace* (New York: Harper Collins, 1999). See also Steven G. Marks, *How Russia Shaped the Modern World: From Art to Anti-Semitism, Ballet to Bolshevism* (Princeton: Princeton UP, 2003), ch. 4, pp. 102–39. Marks notes that Tolstoy indirectly, especially through Gandhi, influenced Martin Luther King, Jr and others active in the Civil Rights movement in the USA.

My source on Addams and Tolstoy is: James Cracraft, *Two Shining Souls: Jane Addams, Leo Tolstoy, and the Quest for Global Peace* (Lanham, Md:

Lexington Books, 2012). Jane Addams described her interest in and visit to Tolstoy in a chapter titled 'Tolstoyism', pp. 259–80 of *Twenty Years at Hull House* (New York: Macmillan, 1911), and she commented further in other works, including her introduction to an English translation of *What Then Must We Do?*

饥荒时期

Tolstoy writes that 'it's not for me to feed those by whom I'm fed' in a letter to I. B. Feinerman (23 November 1891). See *Letters of Tolstoy*, trans. R. F. Christian, 2:489. Tolstoy writes in positive terms about his famine relief work to his cousin A. A. Tolstaia on 8 December 1891 (66:106–7). Chekhov declares Tolstoy to be a 'Jupiter' who got things done to help the victims of famine in a letter to A. S. Suvorin of 11 December 1891.

《复活》在俄国引起的反响

Tolstoy had not been collecting any royalties on other works written since 1881 and he had turned over the copyright to his pre-1881 works to his wife. The passages from Sophia Tolstoy's diaries on *Resurrection* are from 13 September 1898. I cite from *Diaries of Sophia Tolstoy*, trans. Cathy Porter (New York: Random House, 1985), pp. 341–2. Chekhov's comment about *Resurrection* is quoted by Hugh McLean, '*Resurrection*', in Donna Tussing Orwin, ed., *The Cambridge Companion to Tolstoy* (Cambridge: Cambridge University Press, 2002), p. 110.

饮食伦理：不仅限于家庭

Tolstoy wrote of the plenty on his table while famine loomed elsewhere in a letter to his friend and neighbour the poet Afanasy Fet, on 16 May 1865. I quote from *Letters*, trans. Christian, 1:95.

第七章 托尔斯泰的艺术和手法

The comments about Tolstoy's 'lifelike' writing are from: Isaac Babel, 'Babel Answers Questions about his Work: An Interview of 28 September, 1937'; Matthew Arnold, 'Count Leo Tolstoi', *Essays in Criticism*; Henry James, 'Preface to *The Tragic Muse*', as reprinted in Gifford, ed., *Leo Tolstoy*, p. 203, p. 80, and p. 104.

托尔斯泰式的现实主义

Dostoevsky commented on Tolstoy's grip on reality in a letter to Kh. D. Alchevskaia, of 9 April 1876. Barthes describes 'the reality effect' in an essay by that name in *The Rustle of Language*, trans. Richard Howard (Berkeley: U of California P, 1989), pp. 141–8. Richard Gustafson explores what he calls Tolstoy's 'emblematic realism' in *Resident and Stranger: A Study in Fiction and Theology* (Princeton: Princeton UP, 1986), see especially 'The Poetics of Emblematic Realism', pp. 202–13. Tolstoy refers to this 'hidden labyrinth of linkages' in a letter to N. N. Strakhov of 23 April 1876, in Gifford, ed., *Leo Tolstoy*, p. 48. For discussion see my *Anna Karenina and Others: Tolstoy's Labyrinth of Plots* (Madison: U of Wisconsin P, 2016). Dmitry Merezhkovsky presents Tolstoy as 'seer of the flesh' in *Tolstoi as Man and Artist* (1902), in Gifford, *Leo Tolstoy*, p. 113.

陌生化或"新视角"

Viktor Shklovsky discusses defamiliarization (*ostranenie*) in 'Art as Technique' in *Russian Formalist Criticism: Four Essays*, trans. Lee T. Lemon and Marian J. Reis (Lincoln: U of Nebraska Press, 1965), pp. 3–24. Edward Howard Crosby comments on Tolstoy's 'habit of looking at things afresh' in *Tolstoy and his Message* (London: Arthur C. Fifield, Simple Life Press, 1904), p. 13; Vinokenty Veresaev explains Tolstoy's 'device' of describing a phenomenon 'simply the way it is', in: *Zhivaia zhizn*' (Moscow: I. N. Kushnerov, 1911), vol. 1, p. 116.

描绘内心世界

Dmitry Pisarev wrote of Tolstoy's ability to report on the workings of the soul in an 1859 review, 'Tri smerti. Rasskaz grafa L. N. Tolstogo', in *L. N. Tolstoi v russkoi kritike* (Moscow: Khud. lit., 1952), pp. 132–3. Virginia Woolf comments on Tolstoy's ability to read minds in 'The Cossacks', *Essays*, ed. Andrew McNeillie (San Diego: Harcourt Brace Jovanovich, 1989–91), vol. 2, pp. 77–9.

时间与情节

Woolf's comments on Tolstoy's stories not 'shut[ting] with a snap' are also in 'The Cossacks', pp. 77–9. Tolstoy's draft for the foreword to *War and Peace* is excerpted in Gifford, *Leo Tolstoy*, pp. 38–9.

明喻和对比的力量

George Steiner explores Homeric features of Tolstoy's work in *Tolstoy or Dostoevsky: An Essay in the Old Criticism* (New York: Dutton, 1971). For Nabokov on Tolstoy's similes, see *Lectures on Russian Literature* (New York: Harcourt Brace, 1981), p. 202.

隐藏的对称性

Percy Lubbock discusses Tolstoy's reliance on 'pictorial contrast' in *The Craft of Fiction* (New York: Viking, 1957), pp. 235–50. Theodore Roosevelt commented on the barely connected plots of *Anna Karenina* in a letter of 12 April 1886. Boris Eikhenbaum writes of the 'dotted line' between the plots in: *Tolstoi in the Seventies,* trans. Albert Kaspin (Ann Arbor: Ardis, 1982), p. 111. Tolstoy explained the hidden 'architectonics' of *Anna Karenina* in a letter to S. A. Rachinskii of 27 January 1878 (63:377).

第八章　托尔斯泰不能沉默

绞刑场景的陌生化处理

As he defines defamiliarization, Shklovsky notes that it is 'typical' of Tolstoy to use the device to 'prick at our conscience'. Viktor Shklovsky, 'Art as Technique', *Russian Formalist Criticism,* trans. Lee T. Lemon and Marion J. Reis (Lincoln, Nebr.: University of Nebraska Press, 1965), p. 13.

插图来源

004 **图1** 妻子索菲亚拍摄的列夫·托尔斯泰在亚斯纳亚·波利亚纳庄园,版权归 Fine Art Images/age fotostock 所有

022 **图2** 《战争与和平》博罗季诺战役中的皮埃尔·别祖霍夫(得门蒂·施马里诺夫绘),版权归 SPUTNIK/Alamy Stock Photo 所有

056 **图3** 《安娜·卡列尼娜》中吉娣和列文在婚礼上(尤里·皮门诺夫绘),版权归 SPUTNIK/Alamy Stock Photo 所有

078 **图4** 娜塔莎在安德烈的病床前(莱昂尼德·帕斯特纳克作),版权归 SCRSS/TopFoto 所有

095 **图5** 1891年伊利亚 列宾所绘的工作中的托尔斯泰。莫斯科托尔斯泰文学博物馆藏,版权归 SPUTNIK/Alamy Stock Photo 所有

136　**图 6**　1891 年的托尔斯泰和参与饥荒救援的工作人员，版权归 SPUTNIK/Alamy Stock Photo 所有

161　**图 7**　托尔斯泰在《安娜·卡列尼娜》手稿中作的画，版权归 SPUTNIK/Alamy Stock Photo 所有

166　**图 8**　出自 1908 年 7 月 19 日《纽约时报》

延伸阅读

传记

Bartlett, Rosamund. *Tolstoy: A Russian Life* (New York: Houghton Mifflin, 2013).

Maude, Aylmer. *Leo Tolstoy: The First Fifty Years* and *Leo Tolstoy: Later Years* (New York: Dodd, 1910–11).

Shklovsky, Viktor. *Leo Tolstoy,* trans. Olga Shartse (Moscow: Progress, 1978).

Simmons, Ernest J. *Leo Tolstoy* (Boston: Little, Brown and Company, 1946).

Wilson, A. N. *Tolstoy: A Biography* (New York: Norton, 1988).

信件和日记

Christian, R. F., ed. and trans. *Tolstoy's Letters* (New York: Scribner, 1978).
Christian, R. F., ed. and trans. *Tolstoy's Diaries* (New York: Scribner, 1985).
Porter, Cathy, ed. and trans. *Diaries of Sophia Tolstoy* (New York: Random House, 1985).

评论选集

Gifford, Henry, ed. *Leo Tolstoy* (London: Penguin Critical Anthology, 1971).
Knowles, A. V., ed. *Tolstoy: The Critical Heritage* (London: Routledge & Kegan Paul, 1978).

介绍

Christian, Reginald Frank. *Tolstoy: A Critical Introduction* (Cambridge: Cambridge UP, 1969).
Gifford, Henry. *Tolstoy* (Oxford: Oxford UP, 1982).
Love, Jeff. *Tolstoy: A Guide for the Perplexed* (London: Continuum, 2008).
Orwin, Donna Tussing, ed. *The Cambridge Companion to Tolstoy* (Cambridge: Cambridge UP, 2002).
Orwin, Donna Tussing. *Simply Tolstoy* (New York: Simply Charly, 2017).

涵盖一系列作品的批判性研究和合集

Bayley, John. *Tolstoy and the Novel* (Chicago: U Chicago P, 1966).
Berman, Anna A. *Siblings in Tolstoy and Dostoevsky: The Path of Universal*

Brotherhood (Evanston, Ill.: Northwestern UP, 2015).

Christian, Reginald Frank and Jones, Malcolm V., eds. *New Essays on Tolstoy* (Cambridge: Cambridge UP, 1978).

Hruska, Anne. 'Love and Slavery: Serfdom, Emancipation, and Family in Tolstoy's Fiction', *The Russian Review*, Vol. 66, No. 4 (Oct. 2007), pp. 627–46.

McLean, Hugh. *In Quest of Tolstoy* (Boston: Academic Studies Press, 2008).

Orwin, Donna Tussing, ed. *Anniversary Essays on Tolstoy* (Cambridge: Cambridge UP, 2010).

Steiner, George. *Tolstoy or Dostoevsky: An Essay in the Old Criticism* (New York: Dutton, 1971).

Weir, Justin. *Leo Tolstoy and the Alibi of Narrative* (New Haven: Yale UP, 2010).

对特定作品和特定时期的研究

早期作品（《战争与和平》之前）

Allen, Elizabeth Cheresh, ed. *Before They Were Titans: Essays on the Early Works of Dostoevsky and Tolstoy* (Boston: Academic Studies Press, 2015).

Eikhenbaum, Boris. *The Young Tolstoy,* trans. Garry Kern (Ann Arbor: Ardis, 1982).

Williams, Gareth. *Tolstoy's 'Childhood'* (London: Bristol Classical Press, 1995).

《战争与和平》

Berlin, Isaiah. *The Hedgehog and the Fox* (New York: Simon & Schuster, 1986 [1953]).

Bloom, Harold, ed. *Leo Tolstoy's War and Peace* (New York: Chelsea House, 1988), esp. Robert Louis Jackson, 'The Second Birth of Pierre Bezukhov'.

Eikenbaum, Boris. *Tolstoi in the Sixties,* trans. Duffield White (Ann Arbor: Ardis, 1982).

Feuer, Kathryn B. *Tolstoy and the Genesis of War and Peace*, ed. Robin Feuer Miller and Donna Tussing Orwin (Ithaca, NY: Cornell UP, 1996).

McPeak, Rick and Orwin, Donna Tussing, eds. *Tolstoy on War: Narrative Art and Historical Truth in War and Peace* (Ithaca, NY: Cornell UP, 2012).

Morson, Gary Saul. *Hidden in Plain View: Narrative and Creative Potentials in War and Peace* (Stanford, Calif.: Stanford UP, 1987).

《安娜·卡列尼娜》

Alexandrov, Vladimir. *Limits to Interpretation: The Meanings of 'Anna Karenina'* (Madison: University of Wisconsin Press, 2004).

Eikhenbaum, Boris. *Tolstoi in the Seventies,* trans. A. Kaspin (Ann Arbor: Ardis, 1982).

Jackson, Robert Louis. 'Breaking the Moral Barrier' and 'Chance and Design: Anna Karenina's First Meeting with Vronsky', in *Close Encounters: Essays on Russian Literature* (Boston: Academic Studies Press, 2013).

Knapp, Liza, and Mandelker, Amy, eds. *Approaches to Teaching Tolstoy's 'Anna Karenina'* (New York: Modern Language Association Publications, 2003).

Knapp, Liza. *Anna Karenina and Others: Tolstoy's Labyrinth of Plots* (Madison: U of Wisconsin P, 2016).

Kokobobo, Ani, and Lieber, Emma, eds. 'Anna Karenina' for the Twenty-First Century (DeLand, Fla: Tolstoy Studies Journal, 2016).

Mandelker, Amy. *Framing 'Anna Karenina': Tolstoy, the Woman Question, and the Victorian Novel* (Columbus, Oh.: Ohio State UP, 1993).

Morson, Gary Saul. '*Anna Karenina*' *in our Time: Seeing More Wisely* (New Haven: Yale UP, 2007).

后期作品(《安娜·卡列尼娜》之后)

Herman, David. 'Khadzhi-Murat's Silence', *Slavic Review*, Vol. 64, No. 1 (Spring 2005), pp. 1–23.

Jahn, Gary. *The Death of Ivan Ilich: An Interpretation* (New York: Twayne, 1993).

Katz, Michael, trans. and ed. *The Kreutzer Sonata Variations: Leo Tolstoy's Novella and Counterstories by Sophiya Tolstaya and Lev Lvovich Tolstoy* (New Haven: Yale UP, 2014).

Kokobobo, Ani. 'The Gentry Milieu as Grotesque Microcosm in Tolstoy's *Resurrection*', in *Russian Grotesque Realism* (Columbus, Oh.: Ohio State Press, 2018), ch. 5, pp. 98–116.

McLean, Hugh. *Resurrection*, in *The Cambridge Companion to Tolstoy* (Cambridge: Cambridge UP, 2002).

Moller, Peter Ulf. *Postlude to 'The Kreutzer Sonata': Tolstoj and the Debate on Sexual Morality in Russian Literature in the 1890s* (Leiden: Brill Academic, 1988).

小说之外的托尔斯泰:行动、思想、信念、自我书写、死亡

Alston, Charlotte. *Tolstoy and his Disciples: The History of a Radical International Movement* (London: I. B. Tauris, 2014).

Blaisdell, Bob. *Tolstoy as Teacher: Tolstoy's Writings on Education* (New York: Teachers and Writers Collaborative, 2000).

Cracraft, James. *Two Shining Souls: Jane Addams, Leo Tolstoy, and the*

Quest for Global Peace (Lanham, Md: Lexington Books, 2012).

Crosby, Ernest Howard. *Tolstoy as Schoolmaster* (London: Arthur Fifield, Simple Life Press, 1904).

Green, Martin, *Tolstoy and Gandhi: Men of Peace* (New York: Harper Collins, 1999).

Gustafson, Richard F. *Leo Tolstoy: Resident and Stranger. A Study in Fiction and Theology* (Princeton: Princeton UP, 1986).

McLean, Hugh. 'Tolstoy and Jesus' in *In Quest of Tolstoy* (Boston: Academic Studies Press, 2008), pp. 117–42.

Marks, Steven G. *How Russia Shaped the Modern World: From Art to Anti-Semitism, Ballet to Bolshevism* (Princeton: Princeton UP, 2003), ch. 4, pp. 102–39.

Medzhibovskaya, Inessa. *Tolstoy and the Religious Culture of his Time: A Biography of a Long Conversion, 1845–1887* (Lanham, Md: Lexington Books, 2009).

Nickel, William. *The Death of Tolstoy: Russia on the Eve, Astapovo Station, 1910* (Ithaca, NY, & London: Cornell UP, 2010).

Orwin, Donna Tussing. *Tolstoy's Art and Thought: 1847–1889* (Princeton: Princeton UP, 1993).

Paperno, Irina. '*Who, What Am I?*' *Tolstoy Struggles to Narrate the Self* (Ithaca, NY: Cornell UP, 2014).